Steck-Vaughn

GED

COMPOSICIÓN

ASESORES DEL PROGRAMA

Liz Anderson, Director of Adult Education/Skills Training
Northwest Shoals
Community College
Muscle Shoals, Alabama

Mary Ann Corley, Ph.D., Director
Lindy Boggs National Center for Community Literacy
Loyola University New Orleans
New Orleans, Louisiana

Nancy Dunlap, Adult Education Coordinator
Northside Independent School District
San Antonio, Texas

Roger M. Hansard, Director of Adult Education
CCARE Learning Center
Tazewell, Tennessee

Nancy Lawrence, M.A.
Education and Curriculum Consultant
Butler, Pennsylvania

Pat L. Taylor, STARS Consultant for GEDTS
Adult Education/GED Programs
Mesa, Arizona

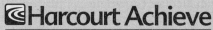

Harcourt Achieve
Rigby • Saxon • Steck-Vaughn

www.HarcourtAchieve.com
1.800.531.5015

Agradecimientos

Desarrollo editorial: Learning Unlimited, Oak Park, Illinois

Traducción: TechBooks/GTS Publishing Services, Boston, Massachusetts

Desarrollo de producción: TechBooks/GTS, York, Pennsylvania

Fotografía: Carátula: ©Index Stock; p.i ©Index Stock; p.14 ©Park Street; p.26 ©Stephanie Heubinger; p.100 ©Mary Pat Waldron. Additional photography by Photodisc/Getty Royalty Free, Royalty Free/CORBIS and the HA collection.

ISBN 978-1-4190-2038-4

ISBN 1-4190-2038-2

4 5 6 7 8 0982 12 11

4500295899

Contenidos

Al estudiante 3

¿Qué son las Pruebas de GED? 3

¿Por qué debe tomar las Pruebas de GED? . . 6

Cómo prepararse para las Pruebas de GED 6

Lo que necesita saber para aprobar la Parte II
de la Prueba de Lenguaje y Redacción . 7

Prueba de la composición de GED
de muestra 8

Guía de puntuación para composiciones
de GED 10

Composición de muestra 11

Comentario sobre la composición
de muestra 12

El programa de redacción PODER 13

Unidad 1 Planear 14

Lección 1 Entender la tarea de redacción . . 16

Lección 2 Reunir ideas: Hacer una lista . . 18

Lección 3 Reunir ideas: Hacer un mapa
de ideas 20

Lección 4 Determinar la idea principal . . 22

Unidad 1 Repaso acumulativo 24

Prueba corta de GED 25

Unidad 2 Organizar 26

Lección 5 Agrupar y rotular 28

Lección 6 Ampliar los grupos 32

Lección 7 Ordenar los grupos 34

Unidad 2 Repaso acumulativo 38

Prueba corta de GED 39

Unidad 3 Desarrollar 40

Lección 8 Las tres partes de una
composición 42

Lección 9 Párrafos y oraciones temáticas . . 44

Lección 10 Escribir el párrafo
introductorio 48

Lección 11 Escribir los párrafos del
cuerpo 50

Lección 12 Desarrollar los párrafos del
cuerpo 52

Lección 13 Escribir el párrafo final 54

Unidad 3 Repaso acumulativo 56

Prueba corta de GED 57

Unidad 4 Evaluar 58

Lección 14 Método holístico
de puntuación 60

Lección 15 Evaluar una composición . . . 62

Unidad 4 Repaso acumulativo 76

Prueba corta de GED 77

Unidad 5 Revisar 78

Lección 16 Revisar las ideas y la
organización 80

Lección 17 Revisar las convenciones del
español escrito 84

Unidad 5 Repaso acumulativo 88

Prueba corta de GED 89

**Unidad 6 Técnicas de
planificación** 90

Lección 18 Más modos de reunir ideas . . 92

Lección 19 Más modos de organizar
las ideas 96

Unidad 6 Repaso acumulativo 98

Prueba corta de GED 99

Unidad 7 Mejorar la puntuación . . 100

Lección 20 Usar transiciones 102

Lección 21 Apoyar con hechos y
opiniones 104

Lección 22 Usar palabras precisas 106

Unidad 7 Repaso acumulativo 108

Prueba corta de GED 109

Unidad 8 Repaso del programa PODER 110

Prueba corta de GED 121

Prueba simulada A 122

Prueba simulada B 124

Otros temas para la composición . . . 126

Manual del escritor 128

Respuestas y explicaciones 142

Glosario 152

Índice 154

Hoja de respuestas 156

¿Qué son las Pruebas de GED?

Al decidir presentar las Pruebas de GED, ha dado un paso muy importante en su vida. Al momento de abrir este libro, habrá tomado ya la segunda decisión más importante: dedicar su tiempo y esfuerzo a prepararse para las pruebas. Es posible que se sienta nervioso por lo que está por venir, lo cual es totalmente normal. Relájese y lea las siguientes páginas que le darán más información acerca de las Pruebas de GED en general y de la Prueba de Lenguaje y Redacción, en particular.

Las Pruebas de GED son las cinco pruebas que conforman el programa de Desarrollo Educativo General, GED (*General Educational Development*). El Servicio de Pruebas de GED del *American Council on Education* pone estas pruebas al alcance de todos aquellos adultos que no terminaron la escuela superior. Si pasa las Pruebas de GED, recibirá un certificado que se considera como el equivalente a un diploma de escuela superior. Los patronos de la industria privada y del gobierno, así como el personal de admisiones de instituciones de estudios superiores y universidades, aceptan el certificado de GED como si fuera un diploma de escuela superior.

Las Pruebas de GED abarcan cinco asignaturas que se estudian en la escuela superior. Estas cinco asignaturas son: Lenguaje y Redacción, Lenguaje y Lectura (estas dos asignaturas, en conjunto, equivalen al español de escuela superior), Estudios sociales, Ciencias y Matemáticas. No es necesario que usted sepa toda la información que normalmente se enseña en escuela superior; sin embargo, en las cinco pruebas se evaluará su capacidad para leer y procesar información, resolver problemas y comunicarse eficazmente.

Cada año, más de 800,000 personas presentan las Pruebas de GED. De las personas que terminan todas las pruebas, el 70 por ciento recibe su certificado de GED. La *Serie GED de Steck-Vaughn* le ayudará a pasar las Pruebas de GED, ya que le proporciona instrucción y práctica de las destrezas que necesita aprobar, práctica en preguntas de evaluación parecidas a las que encontrará en la Prueba de GED, sugerencias para tomar las pruebas, práctica para cronometrar las pruebas, así como tablas de evaluación que le ayudarán a llevar un control de su progreso.

Hay cinco Pruebas distintas de GED. La tabla que aparece en la página 2 le da información sobre las áreas temáticas, el número de preguntas y el límite de tiempo para cada prueba. Debido a que cada estado tiene requisitos distintos en cuanto al número de pruebas que se pueden tomar en un mismo día o período, consulte con su centro local de educación para adultos para averiguar los requisitos de su estado, provincia o territorio.

Pruebas de Desarrollo Educativo General, GED

Prueba	Áreas temáticas	Preguntas	Límite de tiempo
Lenguaje, Redacción, parte I	Organización 15% Estructura de las oraciones 30% Uso 30% Ortografía 25%	50 preguntas	80 minutos
Lenguaje, Redacción, parte II	Composición		45 minutos
Estudios sociales	Historia de Estados Unidos 25% Historia del mundo 15% Educación cívica y gobierno 25% Geografía 15% Economía 20%	50 preguntas	75 minutos
Ciencias	Ciencias biológicas 45% Ciencias de la Tierra y del espacio 20% Ciencias físicas 35%	50 preguntas	85 minutos
Lenguaje, Lectura	Textos de no ficción 25% Textos literarios 75% • Ficción en prosa • Poesía • Obra dramática	40 preguntas	70 minutos

Matemáticas	Operaciones numéricas
	  y sentido numérico 25%
	Medidas y geometría 25%
	Análisis de datos, estadística
	  y probabilidad 25%
	Álgebra 25%
		Parte I: 25 preguntas con uso optativo de una calculadora	50 minutos

		Parte II: 25 preguntas sin uso de calculadora	50 minutos

Además de estas áreas temáticas, en las cinco pruebas se le pedirá que responda a preguntas extraídas de textos relacionados con el medio laboral o de consumo. Estas preguntas no requieren poseer conocimientos especializados, pero sí exigen que recurra a sus propias observaciones y experiencias personales.

En las Pruebas de Lenguaje y Lectura, Estudios sociales y Ciencias se le pedirá que responda a preguntas mediante la interpretación de textos de lectura, diagramas, tablas, gráficas, mapas, caricaturas y documentos prácticos e históricos.

En la Prueba de Lenguaje y Redacción se le pedirá detectar y corregir errores comunes dentro de un texto publicado en idioma español y decidir cuál es la mejor manera de organizar un texto. En la sección de Composición de la Prueba de Redacción, deberá redactar una composición en la que dé su opinión o una explicación acerca de un solo tema de cultura general.

En la Prueba de Matemáticas, tendrá que resolver una serie de problemas (muchos de ellos con gráficas) mediante el uso de destrezas básicas de cálculo, análisis y razonamiento.

Puntuación en las Pruebas de GED

Después de completar cada una las Pruebas de GED, recibirá la puntuación correspondiente a esa prueba. Una vez que presente las cinco pruebas, se le dará su puntuación total, la cual se obtendrá promediando todas las demás puntuaciones. La puntuación máxima que puede obtenerse en una prueba es de 800. La puntuación que debe obtener para aprobar la Prueba de GED varía dependiendo del lugar donde viva. Consulte con su centro local de educación para adultos para averiguar la puntuación mínima para aprobar la Prueba de GED en su estado, provincia o territorio.

¿Adónde puede acudir para tomar las Pruebas de GED?

Las Pruebas de GED se ofrecen durante todo el año en Estados Unidos, en sus territorios asociados, en bases militares estadounidenses del mundo entero y en Canadá. Si desea obtener mayor información sobre las fechas y los lugares en que puede tomar estas pruebas cerca de su domicilio, comuníquese a la línea de ayuda de GED al 1-800-626-9433 o diríjase a una de las siguientes instituciones en su área:

- Centro de educación para adultos
- Centro de educación continua
- Institución de estudios superiores de su comunidad
- Biblioteca pública
- Escuela privada comercial o técnica
- Consejo de educación pública de su localidad

Además, tanto en la línea de ayuda de GED como en las instituciones antes mencionadas, pueden darle información acerca de la identificación que deberá presentar, las cuotas que deberá pagar para presentar la prueba, los útiles que necesitará para escribir y la calculadora científica que usará en la Prueba de GED de Matemáticas. Asimismo, revise el calendario de evaluación de cada una de estas instituciones ya que, aunque hay algunos centros de evaluación que abren varios días a la semana, hay otros que solo abren los fines de semana.

Otros recursos de GED

- www.acenet.edu Éste es el sitio oficial del Servicio de Evaluación GED. Para obtener información sobre las Pruebas de GED, simplemente seleccione los enlaces que hagan referencia a "GED" en este sitio.

- www.steckvaughn.com Seleccione el enlace "Adult Learners" (Estudiantes en la edad adulta) con el fin de aprender más sobre los materiales que están disponibles para prepararse para las Pruebas de GED. Este sitio también proporciona otros recursos relacionados con la educación para adultos.

- www.nifl.gov/nifl/ Éste es el sitio del Instituto Nacional de Alfabetismo de Estados Unidos, NIL (*National Institute for Literacy*) y en él se proporciona información acerca de la enseñanza, las políticas federales y las iniciativas nacionales que afectan la educación para adultos.

- www.doleta.gov El sitio de la Administración para el Empleo y la Capacitación del Departamento del Trabajo de Estados Unidos (*Department of Labor's Employment and Training Administration*) ofrece información sobre programas de capacitación para adultos.

¿Por qué debe tomar las Pruebas de GED?

Un certificado de GED es ampliamente reconocido como equivalente de un certificado de escuela superior y puede ayudarle de las siguientes maneras:

Empleo

Las personas que han obtenido un certificado de GED han demostrado que están decididas a triunfar al seguir adelante con su educación. Generalmente, estas personas tienen menos dificultades para conseguir un mejor trabajo o para ascender dentro de la compañía donde trabajan. En muchos casos, los empleadores no contratan a personas que no cuenten con un certificado de estudios medios o su equivalente.

Educación

Es posible que en muchas escuelas técnicas, vocacionales o en otros programas educativos le pidan un certificado de escuela superior o su equivalente para poder inscribirse. Sin embargo, si desea ingresar a una institución de estudios superiores o a una universidad, indudablemente necesitará contar con dicho certificado de escuela superior o su equivalente.

Superación personal

Lo más importante es cómo se siente consigo mismo. Ahora tiene la oportunidad única de lograr una meta importante. Con un poco de esfuerzo, puede obtener un certificado de GED que le servirá en el futuro y que le hará sentirse orgulloso de sí mismo en el presente.

Cómo prepararse para las Pruebas de GED

Cualquier persona que desee prepararse para tomar las Pruebas de GED puede asistir a las clases que se imparten con este fin. La mayoría de los programas de preparación ofrecen instrucción individualizada y asesores que pueden ayudarle a identificar las áreas en las que puede necesitar apoyo. También hay muchos centros de educación para adultos que ofrecen clases gratuitas en horarios matutino o vespertino. Estas clases por lo general son informales y le permiten trabajar a su propio ritmo y en compañía de otros adultos que también están estudiando para tomar las Pruebas de GED.

Si prefiere estudiar por su cuenta, la *Serie GED de Steck-Vaughn* ha sido diseñada para guiar sus estudios a través de la enseñanza de destrezas y de ejercicios de práctica. Además de trabajar en destrezas específicas, podrá hacer las Pruebas de GED de práctica (como las que aparecen en este libro) para verificar su progreso. Si desea obtener mayor información sobre clases que se impartan cerca de su domicilio, consulte con alguno de los recursos mencionados en la lista de la página 5.

Lo que necesita saber para aprobar la Parte II de la Prueba Lenguaje y Redacción

En la Parte II de la Prueba de Lenguaje y Redacción, le pedirán que escriba una composición. Una composición es una redacción que muestra el punto de vista del escritor sobre un tema determinado. Este libro le enseñará métodos para reunir y organizar ideas, escribir la composición, evaluarla y revisarla. El trabajo consistirá en desarrollar una composición de cinco párrafos, que es una forma efectiva de organizar una composición de GED. La composición de cinco párrafos incluye un párrafo introductorio, tres párrafos del cuerpo y un párrafo final.

¿Cuál es el tema?

La Prueba de GED le proporcionará un tema breve. Usted deberá dar su opinión o una explicación relacionada con una situación. Podrá escribir la composición basándose en sus observaciones, sus conocimientos y su experiencia personal. En la página 9 de esta introducción hay un tema de GED de muestra. A medida que lea este libro, también trabajará con temas similares a los de la Prueba de GED.

¿Qué formato tiene la prueba?

Usted tendrá 45 minutos para escribir una composición. En esos 45 minutos, debe planear, escribir y corregir la composición. El folleto de la prueba incluirá papel de borrador para planear y dos hojas con líneas para la versión final. En las páginas 8 y 9 verá las dos páginas de indicaciones para la composición con un tema de muestra.

¿Cómo se califica la composición?

En la página 10 encontrará una muestra de la Guía de puntuación para composiciones de GED. El proceso de puntuación que se usa es el método holístico. Dos evaluadores entrenados asignan una puntuación a la composición según su efectividad general juzgando cómo usted:

- enfoca, desarrolla y apoya los puntos principales
- organiza la composición
- demuestra un uso efectivo de las palabras
- usa correctamente la estructura de las oraciones, la gramática, la ortografía y la puntuación

Dos evaluadores asignarán una puntuación de entre 1 y 4 cada uno. El total será entre 2 y 8, y se dividirá por 2, ya que la composición fue evaluada por dos lectores. Por lo tanto, su composición podría recibir alguna de estas puntuaciones promedio: 1, 1.5, 2, 2.5, 3, 3.5 ó 4. En las páginas 11 y 12 hay un ejemplo que recibió una puntuación de 3. Luego se explica la puntuación asignada.

El que recibe una puntuación promedio menor de 2 debe repetir las dos partes de la Prueba de Lenguaje y Redacción. Si la puntuación es al menos 2, se aplica una fórmula para encontrar una puntuación combinada de las Partes I y II de la Prueba de Redacción.

Prueba de la composición de GED de muestra

LENGUAJE Y REDACCIÓN, PARTE II

Tema e instrucciones para la composición

En el recuadro que se encuentra en la página 9 aparece el tema que se le ha asignado para la composición y la letra que designa a ese tema.

Escriba su composición **SOLAMENTE** sobre el tema asignado.

En el espacio correspondiente en su hoja de respuestas, marque la letra del tema asignado. Asegúrese de completar el resto de la información que se le solicita.

Tiene 45 minutos para redactar su composición sobre el tema que se le ha asignado. Si le sobra tiempo después de haber terminado la composición, puede volver a la sección de preguntas de selección múltiple. No entregue el folleto de la Prueba de Lenguaje y redacción hasta que haya terminado la Parte I y la Parte II.

Dos personas evaluarán su composición de acuerdo a la efectividad general de su redacción. La evaluación tomará en cuenta los siguientes puntos:

- enfoque de las ideas principales;
- claridad de la organización;
- desarrollo específico de las ideas;
- control de la estructura de las oraciones, puntuación, gramática, vocabulario y ortografía.

RECUERDE QUE DEBE TERMINAR TANTO LA SECCIÓN DE PREGUNTAS DE SELECCIÓN MÚLTIPLE (PARTE I) COMO LA COMPOSICIÓN (PARTE II) PARA QUE SU PRUEBA DE REDACCIÓN SEA CALIFICADA. A fin de no tener que repetir las dos secciones de la prueba, asegúrese de seguir las reglas siguientes:

- No deje hojas en blanco.
- Escriba de manera legible usando <u>tinta</u> para evitar problemas en la evaluación.
- Escriba sobre el tema que se le ha asignado. Si no lo hace, su Prueba de Redacción no será calificada.
- Escriba la composición en las hojas con líneas del folleto de respuestas de las páginas 156 y157. Sólo se calificará lo que esté escrito en estas líneas.

Adaptado con el permiso del *American Council on Education*.

TEMA F

Nuestras opiniones cambian a través del tiempo.

Identifique una opinión que usted haya tenido, pero que ha dejado de tener o que ha cambiado. Escriba una composición explicando por qué y cómo ocurrió este cambio. Use sus observaciones personales, su experiencia y sus conocimientos para fundamentar su composición.

La Parte II es una prueba para determinar la forma en que usted utiliza el idioma escrito para explicar sus ideas.

Al preparar su composición, siga los siguientes pasos:

- Lea las **INSTRUCCIONES** y el **TEMA** cuidadosamente.

- Haga un plan antes de empezar a redactar. Use el papel de borrador para hacer apuntes. Estos apuntes se deben entregar, pero no se calificarán.

- Antes de entregar la composición, léala con cuidado y haga los cambios que crea que la pueden mejorar.

Su composición debe ser lo suficientemente larga como para desarrollar el tema adecuadamente. Debe tener aproximadamente 250 palabras.

Adaptado con el permiso del *American Council on Education*.

Guía de puntuación para composiciones de GED

	1 Inadecuado	2 Marginal	3 Adecuado	4 Eficaz
	El lector tiene dificultad en captar o seguir las ideas del escritor.	**El lector tiene dificultad ocasionalmente para comprender o seguir las ideas del escritor.**	**El lector comprende las ideas del escritor.**	**El lector comprende y sigue con facilidad la expresión de ideas del escritor.**
Cómo responde al tema de la composición	Intenta responder al tema pero apenas logra o no logra establecer un enfoque claro.	Responde al tema, aunque puede cambiar el enfoque.	Usa el tema de la composición para establecer una idea principal.	Presenta con claridad una idea principal que responde al tema.
Organización	No logra organizar sus ideas.	Demuestra cierta evidencia de un plan organizacional.	Usa un plan organizacional discernible.	Establece una organización clara y lógica.
Desarrollo y detalles	Demuestra muy poco o nada de desarrollo; le suelen faltar detalles o ejemplos, o presenta información irrelevante.	Tiene cierto desarrollo pero carece de detalles específicos; puede limitarse a una lista, repeticiones o generalizaciones.	Desarrolla el tema pero ocasionalmente es irregular; incorpora algún detalle específico.	Logra un desarrollo coherente con detalles y ejemplos específicos y pertinentes.
Convenciones del español escrito	Exhibe un dominio mínimo o nulo de la estructura oracional y de las convenciones del español escrito.	Puede demostrar un dominio inconsistente de la estructura oracional y de las convenciones del español escrito.	Generalmente domina la estructura oracional y las convenciones del español escrito.	Domina con constancia la estructura gramatical y las convenciones del español escrito.
Uso de palabras	Usa palabras imprecisas o inadecuadas.	Usa una gama limitada de palabras, incluyendo a menudo algunas inadecuadas.	Usa una gama de palabras apropiadas.	Usa una gama de palabras variadas y precisas.

Adaptado con el permiso del *American Council on Education.*

Composición de muestra

TEMA F

Nuestra forma actual de pensar no es la misma a la que teníamos hace algunos años atrás. Diariamente tenemos nuevas experiencias de la vida que nos hacen verla de diferentes maneras. Nuestra opinión podría cambiar en años, meses, días e incluso minutos.

Para algunas personas la vida es una oportunidad y solamente el estar presentes para lo que les toque se resignen a todo. Otras están dispuestas a luchar por cambiar y siempre tener una buena opinión de la vida.

Actualmente considero que la vida es un regalo maravilloso que nos dio el Gran Creador para aprender y ser feliz. Desafortunadamente hace algún tiempo atrás, no pensaba lo mismo. Para mi la vida era un castigo y no tenía sentido vivirla. Crecí en una familia de bajos recursos donde tuve que trabajar muy duro para ayudar a mi mamá. Me casé muy joven y a los 19 años perdí mi primer bebe. Algún día le conocí a una señora que me enseñó a ver la vida diferente. Con el tiempo fui aprendiendo que yo puedo ser una de las personas que espera hasta que todo les llegue, bueno o malo, y así lo acepte, o puedo ser una de las personas que sabe luchar por ser felices.

Hoy en día me considero una persona feliz y alegre. Tengo dos hijos y estoy estudiando para tener un buen trabajo. Aprendí que con el tiempo todo cambia, incluso *nuestras opiniones.*

_____

_____

_____

_____

_____

_____

_____

_____

_____

_____

_____

_____

_____

_____

_____

_____

_____

_____

PUNTUACIÓN = 3

La escritora comienza con una idea generalizada ("Nuestra forma de pensar no es la misma a la que teníamos hace algunos años") pero el enfoque se hace más claro en el tercer párrafo ("Actualmente considero que la vida es un regalo maravilloso". . . "Hace algún tiempo atrás no pensaba lo mismo"). Este ensayo contiene ejemplos específicos del por qué la escritora creía que la vida era un castigo y no valía la pena vivirla ("crecí en una familia de bajos recursos donde tuve que trabajar muy duro para ayudar a mi mamá . . . Me casé muy joven y a los 19 años perdí mi primer bebé") pero hay muy pocos ejemplos de cómo ella aprendió a ser la persona que peleó por su felicidad ("Algún día conocí a una señora que me enseñó a ver la vida diferente"). También se observa cómo el cuarto párrafo repite, aunque al mismo tiempo clarifica, el sentimiento expresado en el segundo párrafo. Aunque inicialmente el lector pueda tener dificultad en seguir las ideas del escritor (especialmente en el segundo párrafo), el resto del desarrollo refleja las características encontradas en una respuesta de calificación 3. Por lo general, las convenciones del español escrito se mantienen bajo control.

El programa de redacción PODER

Este libro le da el PODER de aprobar la composición de GED proporcionándole un enfoque paso a paso para escribir una composición de cinco párrafos efectiva. De hecho, este programa se denomina programa PODER. Cada paso está enumerado, desde cómo empezar la composición hasta cómo terminarla. **P** significa **Planear, O** significa **Organizar, D** significa **Desarrollar, E** significa **Evaluar** y **R** significa **Revisar.** En la siguiente tabla se resume el programa de redacción PODER.

Pasos de redacción PODER

Unidad		Pasos	Tiempo
Planear la composición (páginas 14 a 25)	P	☐ Entender la tarea de redacción ☐ Reunir ideas ☐ Determinar la idea principal	5 minutos
Organizar la composición (páginas 26 a 39)	O	☐ Agrupar y rotular ☐ Ampliar los grupos ☐ Ordenar los grupos	5 minutos
Desarrollar la composición (páginas 40 a 57)	D	☐ Las tres partes de una composición ☐ Párrafos y oraciones temáticas ☐ Escribir el párrafo introductorio ☐ Escribir los párrafos del cuerpo ☐ Desarrollar los párrafos del cuerpo ☐ Escribir el párrafo final	25 minutos
Evaluar la composición (páginas 58 a 77)	E	☐ Método holístico de puntuación ☐ Evaluar una composición	5 minutos
Revisar la composición (páginas 78 a 89)	R	☐ Revisar las ideas y la organización ☐ Revisar las convenciones del español escrito	5 minutos

En este libro encontrará muchos ejercicios para practicar cada paso del programa PODER. Repase los pasos hasta que le resulten automáticos y aplíquelos cuando escriba las composiciones de este libro. Al ajustarse a los tiempos establecidos, tendrá tiempo suficiente para escribir una buena composición y revisarla en los 45 minutos que dura la prueba.

Además, trabaje con el Manual del escritor de las páginas 128 a 141 para mejorar su dominio de las convenciones del español escrito que son importantes tanto para la Parte I como para la Parte II.

UNIDAD 1

Planear

En la Parte II de la Prueba de Lenguaje y Redacción de GED, usted tendrá 45 minutos para escribir una composición sobre un tema asignado. Dado que se espera que usted escriba un solo borrador, dedique unos cinco minutos a planear su composición. Para elaborar correctamente una composición de GED, es fundamental pensar sobre el tema y luego reunir ideas, ejemplos y detalles de apoyo.

Por eso, planear la composición es el primer paso del proceso de escritura PODER. En esta unidad, usted aprenderá a comprender el tema de la composición y a reunir ideas sobre ese tema. Aprenderá a reunir las ideas por medio de listas y mapas de ideas. Luego analizará todas sus ideas para ver qué tienen en común, de modo que pueda desarrollar la idea principal de la composición.

Planear le permite alcanzar sus metas.

María López
Gerente de Funciones

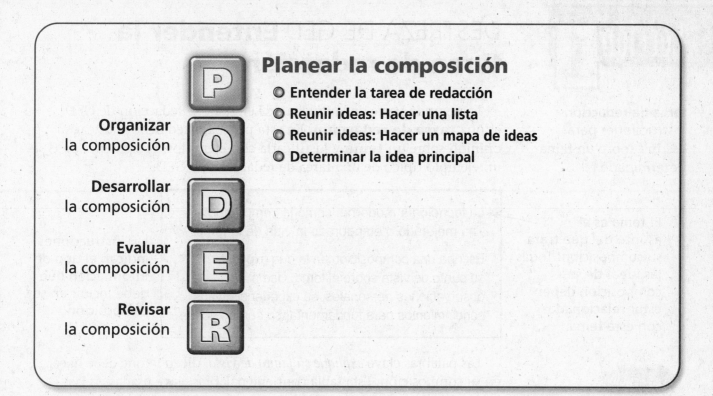

Planear la composición

- Entender la tarea de redacción
- Reunir ideas: Hacer una lista
- Reunir ideas: Hacer un mapa de ideas
- Determinar la idea principal

P — **Organizar** la composición

O — **Desarrollar** la composición

D — **Evaluar** la composición

E — **Revisar** la composición

R

Esta unidad comprende las siguientes lecciones:

Lección 1:   **Entender la tarea de redacción**
Entender la tarea de redacción le servirá para decidir el tipo de información que necesita incluir en su composición.

Lección 2:   **Reunir ideas: Hacer una lista**
Para escribir la composición, necesitará reunir ideas. Uno de los métodos para reunir ideas es hacer una lista.

Lección 3:   **Reunir ideas: Hacer un mapa de ideas**
Otro método para organizar ideas es hacer un mapa de ideas. En este mapa se muestra de qué manera están relacionadas las ideas.

Lección 4:   **Determinar la idea principal**
Una vez que haya reunido las ideas, elegirá la idea principal de su composición.

DESTREZA DE GED **Entender la tarea de redacción**

tarea de redacción
instrucciones para escribir sobre un tema determinado

La segunda parte de la Prueba de Lenguaje y Redacción de GED es una **tarea de redacción.** En esta prueba usted debe plantear su opinión sobre un **tema** y justificarla con ejemplos. El siguiente es un ejemplo típico de una tarea de redacción de GED.

El **tema** es el asunto del que trata su composición. Todas las ideas de su composición deben estar relacionadas con este tema.

> La tecnología moderna, como la computadora, ¿ha mejorado o empeorado la vida de la gente?
>
> Escriba una composición en la que explique su punto de vista sobre el tema. Use sus observaciones personales, su experiencia y sus conocimientos para fundamentar su composición.

Las **instrucciones** indican el tipo de información que debe incluir en su composición.

Usted no necesita conocimientos especializados para escribir una composición de GED.

Las palabras clave *explique su punto de vista,* dicen lo que debe hacer en su composición. Esta tabla contiene palabras clave usadas en las instrucciones y son pistas de la información que usted debe dar.

Si en las instrucciones dice	Usted debe
explique por qué mencione las razones	escribir sobre las causas o razones
explique los efectos analice las ventajas y desventajas	escribir sobre los efectos
describa	analizar las cualidades de algo
mencione su postura exprese su punto de vista dé su opinión	expresar lo que opina sobre un tema y explicar por qué
analice las semejanzas y diferencias compare y contraste	explicar en qué se parecen y en qué se diferencian las cosas

Lea la siguiente tarea de redacción de GED y subraye las instrucciones. Luego, responda a la siguiente pregunta.

¿Por qué tiene tanto éxito la comida rápida?

Escriba una composición en la que mencione las razones por las cuales la comida rápida tiene tanto éxito. Use sus observaciones personales, su experiencia y sus conocimientos para fundamentar su composición.

¿Qué tipo de información se necesita? _____

Usted dio la respuesta correcta si escribió *causas* o *razones.*

Lea todas las tareas de redacción de GED. Luego, subraye las palabras clave y escriba el tipo de información que debe dar. Puede consultar la tabla de la página 16.

TEMA 1

¿Qué significa ser un verdadero amigo?

Escriba una composición en la que describa qué significa ser un verdadero amigo. Use sus observaciones personales, su experiencia y sus conocimientos para fundamentar su composición.

Tipo de información: _____

TEMA 2

Algunas personas piensan que si los padres de un niño de edad preescolar trabajan fuera del hogar, producen un daño; otros no opinan lo mismo.

Escriba una composición en la que plantee su punto de vista. Dé ejemplos para fundamentar su composición. Use sus observaciones personales, su experiencia y sus conocimientos.

Tipo de información: _____

TEMA 3

¿Cómo les afecta a usted y a los que viven en la misma región que usted el clima del lugar?

Escriba una composición en la que explique las ventajas y las desventajas de vivir en ese clima. Use sus observaciones personales, su experiencia y sus conocimientos para fundamentar su composición.

Tipo de información: _____

TEMA 4

A pesar de las leyes que exigen el uso del cinturón de seguridad, muchas personas no lo usan.

Escriba una composición en la que explique por qué las personas no usan el cinturón de seguridad. Use sus observaciones personales, su experiencia y sus conocimientos para fundamentar su composición.

Tipo de información: _____

TEMA 5

¿Qué tan importante es tener un diploma de GED o de la escuela superior cuando se solicita un trabajo?

Escriba una composición en la que exprese su punto de vista. Dé ejemplos para fundamentar su composición. Use sus observaciones personales, su experiencia y sus conocimientos.

Tipo de información: _____

Las respuestas comienzan en la página 142.

Lección 2

DESTREZA DE GED Reunir ideas: Hacer una lista

reunir ideas
enumerar ideas relacionadas sobre un tema para fundamentar una idea principal

lista
ideas escritas en el orden en que se les ocurren al escritor

Una vez que comprenda la tarea de redacción, puede empezar a **reunir ideas.** Para obtener una buena puntuación, necesita diversas ideas y ejemplos específicos. Use sus propias observaciones, su experiencia y sus conocimientos para reunir ideas sobre las que le resulte fácil escribir.

Para reunir ideas, dedique unos cinco minutos a pensar sobre el tema y escriba todas las ideas que le vengan a la mente. Luego, revise lo que escribió; esto le puede servir para que se le ocurran nuevas ideas.

Una forma de registrar sus ideas es haciendo una **lista.** Cuando se hace una lista, se escriben las ideas en el orden en que vienen a la mente.

Observe la lista de ideas que escribió un estudiante para el tema que se presenta a continuación. Agregue tres ideas propias.

TEMA: La tecnología moderna, ¿ha mejorado o empeorado nuestra vida?

Tema: Efectos de la tecnología moderna

los adelantos en el campo de la medicina prolongan la vida

mayor eficiencia en los lugares de trabajo

se contamina el medio ambiente

mejora el transporte

las personas perdieron el contacto con la naturaleza

las computadoras invaden nuestra privacidad

_____

_____

_____

SUGERENCIA

No se preocupe de no tener suficientes ideas para una composición. Relájese y escriba todas las ideas que se le ocurran. Es posible que las primeras ideas que le vengan a la mente no sean las mejores, así que no se detenga después de las dos o tres primeras.

Cualquier idea que haya agregado es correcta si se relaciona con el tema. Puede haber agregado *mejor comunicación, más formas de entretenimiento, se facilitan las tareas domésticas, más tiempo libre, más estrés debido al ritmo de vida más acelerado, las personas no son tan activas* o *menos relaciones personales.*

Lea todos los temas para la composición. Luego, enumere la mayor cantidad de ideas posible. Escriba por lo menos cinco o seis por cada tema.

TEMA 1: Cómo afecta a las personas mirar televisión

TEMA 2: Cómo afecta la vida ser aficionado al deporte

TEMA 3: La importancia de tener un diploma de GED o de la escuela superior

TEMA 4: La influencia de la música popular en los jóvenes

Las respuestas comienzan en la página 142.

DESTREZA DE GED **Reunir ideas: Hacer un mapa de ideas**

mapa de ideas
una forma de registrar las ideas en la que se muestra cómo se relacionan con el tema y entre sí

Otra forma de registrar las ideas para una composición es hacer un **mapa de ideas.** Cuando se hace un mapa de ideas, se escriben las ideas de manera tal que se muestra cómo se relacionan con el tema y entre sí.

Para hacer un mapa de ideas, escriba el tema en el centro de una hoja de papel y dibuje un óvalo a su alrededor. A medida que se le vayan ocurriendo nuevas ideas, escríbalas, enciérrelas en un óvalo y conéctelas a la idea con la cual están relacionadas. Verá que algunas ideas están muy relacionadas con el tema mismo mientras que otras están más relacionadas con otras ideas que escribió.

Observe el mapa de ideas de un estudiante para el tema que se presenta a continuación. Dibuje un óvalo y agregue una idea propia.

TEMA: *¿Cómo puede hacer un viaje que esté dentro de su presupuesto?*

SUGERENCIA

Cuando termine su mapa de ideas, mire cada idea que ha relacionado con el tema y piense sobre ella. Eso le ayudará a pensar en nuevas ideas.

Cualquier idea que haya agregado es correcta si se relaciona con el tema. Puede haber agregado *hacer viajes de un solo día y pasar la noche en casa, llevar su propio almuerzo o hacer un picnic o viajar con amigos y dividir los gastos.* Asegúrese de colocar su idea en un lugar que tenga sentido. Por ejemplo, si escribió *llevar su propio almuerzo o hacer un picnic,* debió poner la frase en un óvalo unido al óvalo *Alimento.*

A. Lea todos los temas para la composición. Luego, complete el mapa de ideas. Si lo necesita, agregue más óvalos.

TEMA 1: Los beneficios de hacer ejercicio cotidianamente

TEMA 2: Semejanzas y diferencias entre la personalidad de las mujeres y la de los hombres

B. Lea todos los temas para la composición. Haga un mapa de ideas de cada tema. Dibuje sus propios mapas o copie el mapa de ideas en blanco de la página 128.

TEMA 3: Causas de estrés en la vida moderna

TEMA 4: Formas de ahorrar dinero en la compra de alimentos

Las respuestas comienzan en la página 142.

DESTREZA DE GED **Determinar la idea principal**

Después de reunir las ideas sobre un tema, es necesario determinar la **idea principal** de la composición. La idea principal es lo más importante que usted está tratando de decir sobre el tema. Para determinarla, piense qué tienen en común todas sus ideas.

Por ejemplo, si el tema es los efectos positivos y negativos de la tecnología, fíjese si sus ideas son en su mayoría efectos positivos, negativos o ambos. Si escribió más efectos positivos, su idea principal podría ser *En general, la tecnología ha tenido efectos positivos en la sociedad.*

idea principal
lo más importante que está tratando de decir

Observe la lista de ideas que se reunieron para este tema.

TEMA: ¿Tener un automóvil tiene más ventajas o desventajas?

> hay que pagar el seguro
> contamina el aire más que el transporte público
> comprarlo y mantenerlo cuesta más que tomar el autobús
> se puede ir adonde uno quiera, cuando uno quiera
> a veces no se consigue lugar para estacionar
> con el automóvil se tiene más privacidad

SUGERENCIA

Su idea principal debe ser una oración que sea lo suficientemente general como para cubrir todas sus ideas apoyo.

Marque con una "X" la oración que mejor describe la idea principal de esta lista.

_____ (a) Tener un automóvil tiene muchas ventajas.

_____ (b) Ser dueño de un automóvil tiene muchas desventajas.

La mayoría de las ideas están relacionadas con los problemas que tienen los dueños de automóviles. Por lo tanto, una buena idea principal para esta lista sería la *opción (b).*

Lea el tema y las ideas que se presentan a continuación y escriba la idea principal.

TEMA: ¿Qué es mejor: tener casa propia o alquilar?

> los inquilinos dependen del dueño para las reparaciones
> comprar una casa es una buena inversión
> el dueño, es responsable de reparar y mantener
> el inquilino puede ser obligado a mudarse cuando vence el
>   contrato
> el costo del alquiler puede aumentar sin previo aviso
> los dueños deben pagar impuestos inmobiliiarios

> **Idea principal:** _____
>
> _____

Casi todas estas ideas son ventajas de tener casa propia. Por tanto, la idea principal puede ser *Ser dueño de una casa es mejor que alquilar.*

A. Lea el tema y las ideas que se presentan a continuación y escriba la idea principal.

TEMA: Razones por las que hay personas sin hogar

vivir de cheque en cheque, ocurre una crisis costosa
uso de drogas
niños abusados terminan viviendo en la calle
no hay suficientes viviendas para personas de bajos recursos

Idea principal: _____

B. Observe las listas de ideas que escribió en la página 19 y escriba la idea principal de cada una.

TEMA 1: Cómo afecta a las personas mirar televisión

Idea principal: _____

TEMA 2: Cómo afecta la vida ser aficionado al deporte

Idea principal: _____

TEMA 3: La importancia de tener un diploma de GED o de la escuela superior

Idea principal: _____

TEMA 4: La influencia de la música popular en los jóvenes

Idea principal: _____

C. Observe los mapas de ideas que hizo en la página 21 y escriba la idea principal de cada uno.

TEMA 1: Los beneficios de hacer ejercicio cotidianamente

Idea principal: _____

TEMA 2: Semejanzas y diferencias entre la personalidad de las mujeres y la de los hombres

Idea principal: _____

TEMA 3: Causas de estrés en la vida moderna

Idea principal: _____

TEMA 4: Formas de ahorrar dinero en la compra de alimentos

Idea principal: _____

Las respuestas comienzan en la página 142.

Repase lo que entendió sobre las destrezas de planificación respondiendo a las siguientes preguntas sobre los temas para la composición de GED de muestra.

TEMA

¿La vida es mejor en la ciudad o en un pueblo pequeño?

Escriba una composición en la que explique su punto de vista sobre el tema. Use sus observaciones personales, su experiencia y sus conocimientos para fundamentar su composición.

---

1. Subraye las palabras clave de las instrucciones.

2. ¿Qué tipo de información le indican estas palabras clave que debe incluir en su composición?

   _____

   _____

3. Reflexione sobre el tema. ¿Cuáles son los dos métodos que puede usar para reunir ideas sobre el tema?

   _____

   _____

   _____

4. Una vez que haya reunido ideas sobre el tema, fíjese qué tienen en común. ¿Qué se hace una vez que se reconoce qué tienen en común las ideas?

   _____

   _____

   _____

   _____

Las respuestas comienzan en la página 142.

Como sólo tendrá 45 minutos para escribir su composición de GED, dedique unos cinco minutos a planearla. En esta prueba corta, observe lo que pudo planear al cabo de cinco minutos. Si necesita más tiempo para terminar, tómeselo pero recuerde que necesita practicar el planear la composición en cinco minutos.

Recuerde que en esta etapa sólo está reuniendo ideas para la composición. Continuará trabajando sobre la composición a lo largo del libro.

Lea las instrucciones para la composición de GED que se presentan a continuación. Siga los pasos que aprendió en esta unidad para reunir ideas. <u>No escriba la composición; sólo cumpla con la etapa de planificación.</u>

TEMA

¿La vida es mejor en la ciudad o en un pueblo pequeño?

Escriba una composición en la que explique su punto de vista sobre el tema. Use sus observaciones personales, su experiencia y sus conocimientos para fundamentar su composición.

Piense en el Paso 1 del programa PODER ....

Una vez que termine de planear la composición sobre el tema propuesto, responda a las siguientes preguntas.

1. ¿Se le ocurrieron muchas ideas?

2. ¿Le resultó fácil o difícil pensar en las ideas?

3. ¿Hizo una lista de ideas o un mapa de ideas? ¿El método le resultó útil?

4. ¿Le resultó fácil o difícil elegir una idea principal?

 Guarde lo que planeó para este tema de composición. Si lo desea, abra una carpeta de redacción (en la que guardará lo que escriba) y guarde allí el plan de la composición. A medida que avance en las unidades del libro desarrollará una composición, por lo tanto es necesario que guarde lo que vaya escribiendo y recurra a ese material.

Si le resultó difícil reunir ideas y desea conocer otros métodos que le puedan ser más útiles, lea la Lección 18, "Más modos de reunir ideas".

En la Unidad 2, usted aprenderá a organizar sus ideas.

Las respuestas comienzan en la página 142.

UNIDAD 2

Organizar

Ya ha aprendido a reunir ideas para redactar la composición de GED. Ahora necesita desarrollarlas de manera tal que tengan sentido para el lector. Antes de empezar a escribir la composición, debe dedicar unos cinco minutos a organizar las ideas.

Por eso, organizar es el segundo paso del proceso de escritura PODER. En esta unidad, usted aprenderá a separar las ideas en grupos y a rotularlos. Para que su composición de GED sea efectiva, debe incluir muchas ideas y ejemplos buenos, por lo tanto, también practicará cómo ampliar los grupos de ideas. Además, aprenderá a presentar los grupos de ideas en un orden lógico. Cuando empiece a escribir la composición, estos grupos de ideas serán la base de sus párrafos.

Hacer una lista le permite organizar cualquier tarea.

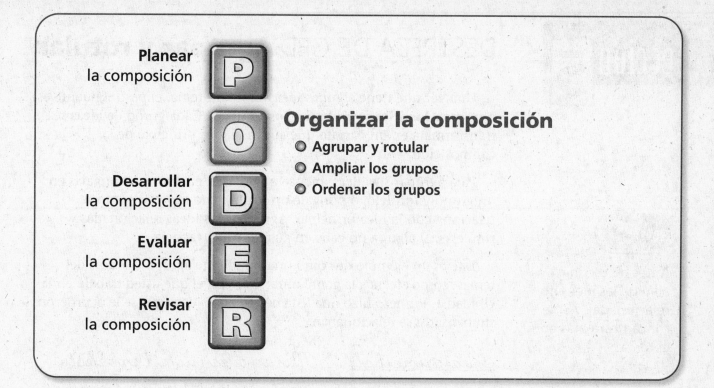

Planear la composición

Organizar la composición
- Agrupar y rotular
- Ampliar los grupos
- Ordenar los grupos

Desarrollar la composición

Evaluar la composición

Revisar la composición

Esta unidad comprende las siguientes lecciones:

Lección 5: Agrupar y rotular
Para organizar la composición, debe agrupar y rotular las ideas. Cada grupo de ideas se transformará en un párrafo que apoya la idea principal de la composición.

Lección 6: Ampliar los grupos
Las mejores ideas no siempre se nos ocurren todas juntas. Cuando haya enumerado y agrupado las ideas sobre un tema, puede aplicar una o más estrategias para agregar más ideas.

Lección 7: Ordenar los grupos
Existen varias maneras de organizar las ideas en forma lógica. Un método es disponerlas por orden de importancia. El otro método es comparar y contrastar distintas ideas.

DESTREZA DE GED **Agrupar y rotular**

Una vez que tiene algunas ideas sobre un tema, el paso siguiente es **agrupar las ideas** y **rotular los grupos.** Cada grupo de ideas se transformará en un párrafo que apoya la idea principal de la composición.

Para agrupar sus ideas, piense qué tienen en común. Póngalas en un grupo y rotúlelo, o póngale un título, para mostrar cómo se relaciona con la idea principal. Agrupe otras ideas relacionadas y rotúlelas. Si alguna no cabe en algún grupo, táchela.

Antes de escribir, elimine las ideas no relacionadas. Así se concentrará más en el tema.

Este es un ejemplo de cómo una estudiante agrupó las ideas del tema: ¿cómo afecta a la gente mirar TV? con el que usted trabajó en la Unidad 1. Primero hizo una lista de todas las ideas que se le ocurrieron, sin pensar si se relacionaban.

Idea principal: Mirar televisión tiene efectos
                    positivos y negativos.

Los efectos de mirar televisión

la violencia está en todos lados

las gente ya no lee

ocupa el tiempo de dedicar a su familia

las personas no hacen actividades físicas

los televisores son caros

informa

es una forma de distraerse

entretenimiento

los anuncios hacen que la gente quiera
    cosas

Luego, buscó cómo agrupar las ideas relacionadas. En su lista había incluido efectos positivos y negativos, de modo que encerró en un círculo todos los efectos positivos y los rotuló. Después hizo lo mismo con los efectos negativos. Los rótulos le ayudaron a recordar qué tenían en común las ideas de cada grupo.

Después de ordenar las ideas, se dio cuenta de que una (_los televisores son caros_) no era un efecto, y la quitó de la lista.

Los grupos de ideas de la estudiante quedaron así:

Los efectos de mirar televisión

la violencia está en todos lados

la gente ya no lee

ocupa el tiempo de dedicar a su familia

las personas no hacen actividades físicas

Efectos negativos   ~~los televisores son caros~~

informa

es una forma de distraerse — Efectos positivos

entretenimiento

los anuncios hacen que la
gente quiera cosas

SUGERENCIA

Trate de hacer tres grupos de ideas. Contar con tres grupos le servirá para asegurarse de que tiene suficiente apoyo para su idea principal.

Por lo general, no es difícil separar la lista de ideas en dos grupos. Sin embargo, como usted debe escribir una composición de cinco párrafos, es mejor tener tres grupos de ideas relacionadas. En estos tres grupos se incluirán las ideas para los tres párrafos del medio de la composición, o párrafos de apoyo. Si divide el párrafo más grande en dos grupos, cada uno de los tres grupos puede ser un párrafo de apoyo de la composición.

Para formar los tres grupos, la estudiante se dio cuenta de que podía dividir en dos el grupo más grande: *los efectos negativos de la televisión*. En un grupo se podrían incluir las cosas que eran poco realistas de la televisión. En el otro, se podrían incluir las cosas que las personas dejan de hacer por mirar televisión.

Efectos negativos

Sentido equivocado de la vida	Aleja a las personas de cosas mejores
querer demasiadas cosas (anuncios)	leer
la violencia está en todos lados	familia
	hacer actividades físicas

Si la escritora hubiera usado un mapa de ideas, muchas de sus ideas ya estarían agrupadas y relacionadas. Sólo necesitaría rotular los distintos grupos, de esta forma:

SUGERENCIA

Piense si las ideas de cada grupo tienen algo en común y si los rótulos indican cómo están relacionadas.

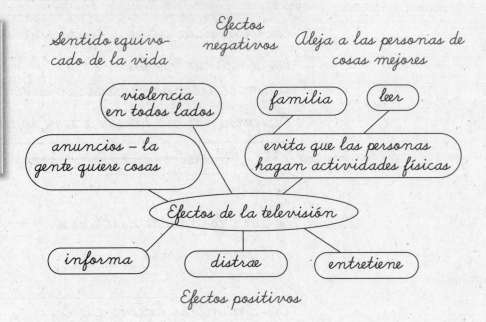

Lea los tres grupos de ideas sobre el tema "¿Cuáles son las ventajas y desventajas de tener un pasatiempo?". Marque con una "X" la oración que no corresponde a ningún grupo. ¿A qué grupo pertenece la otra idea?

_____ (a) mi pasatiempo son los bolos

_____ (b) se le puede dedicar demasiado tiempo y perder el interés en otras cosas

Las ventajas y desventajas de tener un pasatiempo

Ventajas		Desventajas
Razones prácticas	**Razones emocionales o sociales**	
se pueden aprender cosas	divertirse	se puede descuidar cosas que hay que hacer
	aliviar el estrés	
se pueden desarrollar nuevas destrezas	se pueden conocer personas con intereses similares	se puede gastar demasiado dinero

   Usted dio la respuesta correcta si eligió la _opción (a)_ porque no corresponde a ningún grupo. La _opción (b)_ pertenece al grupo _Desventajas_ porque es otro efecto negativo de tener un pasatiempo.

A. Lea la tarea de redacción y haga una lista de ideas. Si prefiere hacer un mapa de ideas, puede dibujar su propio mapa o copiar el mapa de ideas en blanco de la página 128.

> ¿Por qué las mascotas son tan importantes para sus dueños? Dé ejemplos que fundamenten su idea.

B. Si hizo una lista de ideas, ordénelas y vuelva a escribirlas a continuación en tres grupos. Luego rotule los grupos. Si hizo un mapa de ideas, rotule los grupos.

Las respuestas comienzan en la página 143.

DESTREZA DE GED **Ampliar los grupos**

Nuestras mejores ideas no siempre llegan juntas. Luego de enumerarlas y agruparlas, agregue otras usando uno de estos métodos.

- Vuelva a leer el tema, la idea principal y los grupos de ideas.
- Pregunte el *qué, quién, cómo, cuándo, dónde* y *por qué* del tema.
- Piense cómo el tema afecta a usted o a las personas que conoce.
- Intente recordar cosas que haya leído o escuchado sobre el tema.

La estudiante que escribió sobre los efectos de mirar TV usó estos métodos. Cuando volvió a leer el segundo grupo de efectos negativos (*aleja a las personas de cosas mejores*), pensó que a veces la gente mira televisión para no enfrentar sus problemas y agregó esta idea.

Para ampliar el grupo de efectos positivos, se hizo algunas preguntas:

- ¿Quién mira televisión? *todos: adultos, adolescentes, niños*
- ¿Qué miran? *adultos y adolescentes miran comedias, noticias, deportes; los niños miran programas educativos, dibujos animados*
- ¿Por qué miran televisión? *para aprender, divertirse y distraerse*

La estudiante también consideró el efecto que tuvo la TV en ella y sus conocidos. En la TV aprendió una dieta saludable y su sobrina el alfabeto en *Plaza Sésamo*.

Observe los grupos ampliados. Las ideas nuevas están en color. Marque con una "X" la idea que podría agregar a uno de los grupos.

_____ (a) En la guía de programación se verifica la hora y el canal en que se transmiten los programas de televisión.

_____ (b) La TV les da a los niños ideas poco realistas sobre los efectos de la violencia.

Efectos negativos	*Efectos positivos*
Sentido equivocado de la vida: se quieren demasiadas cosas; la violencia está en todos lados	*Información: los noticieros informan sobre la actualidad y la salud; los programas educativos enseñan*
Aleja a las personas de cosas mejores: leer; familia; hacer actividades físicas; enfrentar los problemas	*Diversión y distracción: comedias, dibujos animados, deportes*

Usted dio la respuesta correcta si eligió la *opción (b)*. Agréguela a la lista de *Efectos negativos* bajo *Sentido equivocado de la vida*.

A. Amplíe los grupos de ideas respondiendo a las preguntas que se presentan a continuación. Luego agregue ideas propias a la lista.

Idea principal: La natación es un buen deporte.

Beneficios	**Poco equipo**	**Facilidad y conveniencia**
ejercicio	traje de baño	se puede practicar todo el año
diversión	toalla	piscinas públicas
_____	_____	_____
_____	_____	_____
_____	_____	_____

- *¿Quién* puede practicar natación?
- *¿Qué* se necesita para nadar?
- *¿Cuándo* se puede nadar?
- *¿Dónde* se puede nadar?
- *¿Por qué* la gente va a nadar?

B. Agregue ideas a estos grupos usando distintos métodos para ampliar los grupos.

TEMA: ¿Qué efecto tendría en una persona aprobar las Pruebas de GED?

Personales	**Laborales**	**Educativos**
sentirse bien consigo mismo	conseguir un empleo que dé	mejores destrezas de lectura
aprender a no renunciar	más satisfacción	y de matemáticas
	ganar más dinero	posibilidad de ingresar a la
		universidad
_____	_____	_____
_____	_____	_____
_____	_____	_____
_____	_____	_____

C. En la página 31, usted agrupó las ideas del tema "¿Por qué las mascotas son tan importantes para sus dueños?". Use uno de los métodos mencionados en la página 32 para ampliar el grupo de ideas.

Las respuestas comienzan en la página 143.

DESTREZA DE GED **Ordenar los grupos**

Antes de escribir la composición, es necesario cumplir con otro paso: elegir un orden lógico para presentar los grupos. Como cada uno de los tres grupos de ideas formará un párrafo de su composición, el orden es importante. Los párrafos deberán estar ordenados de manera tal que la composición sea sólida y convincente.

Hay varias maneras de ordenar las ideas. Dos métodos que se usan en la composición de GED son: orden de importancia y comparar y contrastar.

Orden de importancia

orden de importancia un método de redacción que comienza con las ideas menos importantes y termina con las más importantes

Puede clasificar su grupo de ideas de menos importante a más importante y escribir sobre sus ideas en **orden de importancia.** Como este tipo de organización se construye desde las ideas más débiles hasta las más fuertes, lo último que lee el lector y lo que queda en su mente es lo más importante que usted quiso decir.

Los siguientes párrafos son de una composición sobre el uso del cinturón de seguridad. Las ideas están organizadas en orden de importancia. Fíjese cómo las palabras en color le ayudan a usted, el lector, a entender el orden de las ideas.

La legislación sobre el uso del cinturón de seguridad es una fuente de ingresos para las ciudades. Quienes reciben una multa por no llevarlo puesto deben pagar. El dinero se usa para mantener las calles.

Más importante aún, la esta legislación mejora la seguridad vial. Ponerse el cinturón de seguridad hace que la gente conduzca con más cuidado.

Pero la razón principal por la cual la legislación sobre el uso del cinturón de seguridad es acertada es porque salva vidas. Hay muchas personas que están vivas gracias al cinturón de seguridad. Otras se salvaron de sufrir heridas graves.

El escritor ordenó de menor a mayor importancia las razones por las que apoya la legislación sobre el uso del cinturón de seguridad. La más importante, salvar vidas, es la última que se lee. Deja al lector con la impresión más fuerte.

Lea los párrafos en el orden inverso al que fueron escritos. ¿Cómo cambia la efectividad de la composición?

_____

_____

Si la razón más importante está al principio, las otras parecen menos importantes. Pero si la menos importante está al principio, parece válida y cada razón que se agrega contribuye al argumento.

SUGERENCIA

Estas palabras indican que las ideas están organizadas en orden de importancia: *más importante, el/la más importante, mejor, el/la mejor.*

Comparar y contrastar

comparar y contrastar
un método de
organización de ideas
en una composición
para mostrar en qué se
parecen y en qué se
diferencian dos cosas

contrastar
analizar los distintos
puntos de vista sobre
un tema

Cuando se comparan cosas, se muestra en qué se parecen. Cuando se contrastan, se muestra en qué se diferencian. Es posible que en la tarea de redacción de GED le pidan que **compare y contraste** dos cosas, por ejemplo, los problemas del pasado y los que encontramos hoy en día. O le pueden pedir que **contraste** los distintos puntos de vista sobre un tema, como las ventajas y desventajas de un trabajo nocturno.

En su composición sobre los efectos de mirar televisión, la estudiante contrastó los efectos positivos y negativos. Preste atención a las frases que están en color, ya que muestran en qué orden están planteadas las ideas.

No hay duda de que mirar televisión puede tener efectos positivos. Con los noticieros vespertinos, los adultos se mantienen informados sobre los sucesos cotidianos. Incluso pueden adquirir algunos conocimientos prácticos sobre la salud y otros asuntos personales. Los programas educativos, como *Plaza Sésamo*, enseñan a los niños. Además, los dibujos animados, las comedias y los programas de deportes entretienen a toda la familia e incluso proporcionan distracción.

Por otro lado, mirar televisión también tiene efectos negativos. En lugar de usarla como una distracción temporal, algunas personas miran televisión para ignorar sus problemas. La televisión también ocupa el tiempo que debieran dedicar a su familia o a la lectura. De hecho, algunas personas terminan siendo teleadictas y se vuelven inactivas.

Además, la televisión presenta un sentido equivocado de la vida. Los anuncios hacen que la gente quiera cosas. Ven que en los programas hay mucha violencia y creen que la violencia está en todos lados, o incluso pueden llegar a pensar que manejarse con violencia está bien.

Estas palabras indican
una comparación:
*ambos, también, de
manera similar, como.*
Estas palabras indican
contraste: *por otro
lado, en contraste, sin
embargo, pero, en
tanto que, mientras
que.*

Al contrastar los efectos negativos y positivos de mirar televisión, la estudiante hizo entender su idea principal eficazmente. En el primer párrafo analizó los efectos positivos. En el segundo párrafo analizó algunos de los efectos negativos y señaló este contraste con la frase *por otro lado*. En el tercer párrafo, analizó otros efectos negativos.

Lea los párrafos en el orden inverso al que fueron escritos. ¿Cómo cambia la efectividad de la composición?

_____

_____

Los argumentos más firmes del escritor deben estar cerca del final de la composición. Como los efectos negativos son más que los positivos (alcanzan para completar dos párrafos), la atención se concentra en ellos si los ubicamos al final. Cuando el párrafo sobre los efectos positivos se escribe al final, la composición pierde efectividad. La opinión negativa de la escritora sobre la televisión se debilita. ¿Tuvo esa sensación cuando leyó los párrafos en el orden inverso?

¿Qué organización debe usar?

Si escribe sobre	Use
causas o razones efectos positivos o negativos las cualidades de algo lo que opina sobre un tema	orden de importancia
efectos positivos y negativos ventajas y desventajas	contrastar
las cualidades de dos cosas	comparar y contrastar

SUGERENCIA

Antes de decidir cómo organizar los grupos para la composición, escriba su idea principal en la parte superior de la hoja. Esto lo mantendrá centrado en su idea principal y le ayudará a decidir la mejor manera de fundamentarla.

En los párrafos de la página 34 sobre el uso del cinturón de seguridad, se enumeran las razones para usarlo. El escritor usó el orden de importancia. En la composición de la página 35 sobre la televisión, se analizaron los efectos positivos y negativos de mirarla. La escritora eligió contrastar. En el siguiente ejemplo, se describen las cualidades de dos amigos. El escritor eligió comparar y contrastar. Preste atención a las palabras guía marcadas en color.

Mi amigo Jamie y yo tenemos muchas cosas en común. Los dos somos muy aventureros. Nos encanta probar cosas nuevas, por ejemplo, distintas comidas, y nos gusta practicar deportes al aire libre, como patinar. También compartimos una gran pasión por la música *country*.

Los dos trabajamos en restaurantes, pero no hacemos exactamente el mismo trabajo. Yo cocino pedidos rápidos en un pequeño restaurante y Jamie es mozo en un restaurante mexicano.

Aunque somos buenos amigos, somos distintos en algunas cosas. Jamie se crió en una familia grande, pero yo soy hijo único. Yo siempre viví en Nueva York, mientras que Jamie nació en un pequeño pueblo de Ohio, pero ha vivido en todo el país.

Lea las ideas del siguiente tema para la composición. ¿Qué método de organización elegiría?

TEMA: ¿Por qué fuma la gente a pesar del peligro?

> alivia las tensiones
> los adolescentes piensan que están en la onda
> los riesgos no parecen reales
> en algunos lugares se sigue aceptando
> la gente no quiere que le digan qué hacer
> la publicidad hace que fumar parezca sofisticado

Mejor organización: _____

Usted dio la respuesta correcta si eligió *orden de importancia*. En la lista de ideas se plantean las razones por la que la gente fuma.

A. Para cada tema de la composición, determine el método de organización y el orden de las ideas que considere que apoyan mejor la idea principal. Numere los grupos en ese orden. Escriba la idea principal de los temas 2 y 3.

TEMA 1: ¿Qué cualidades de la natación hacen que valga la pena practicarla?

Idea principal: Vale la pena practicar natación.

Organización: _____

Beneficios ____	**Poco equipo** ____	**Facilidad y conveniencia** ____
ejercicio saludable	traje de baño	se puede practicar todo el año
poco estrés en el cuerpo	toalla	piscinas públicas
diversión	quizás gafas de natación	playa en el verano
relajación mental		fácil de aprender

TEMA 2: ¿Qué efecto tendría en una persona aprobar las Pruebas de GED?

Idea principal: _____

Organización: _____

Razones personales ____	**Razones laborales** ____	**Razones educativas** ____
sentirse bien consigo mismo	conseguir un empleo que dé más satisfacciones	mejores destrezas de lectura y de matemáticas
aprender a no renunciar	ganar más dinero	posibilidad de ingresar a la universidad
más confianza	más posibilidades de conseguir un ascenso	

TEMA 3: ¿Qué efectos positivos y negativos tiene el énfasis que pone la sociedad en ser delgado?

Idea principal: _____

Organización: _____

Efectos negativos en la sociedad ____	**Efectos positivos en la salud** ____	**Efectos negativos en los individuos** ____
los niños aprenden a burlarse de las personas con sobrepeso	muchas personas se alimentan bien y hacen ejercicio	sentirse mal si no se es delgado
las personas juzgan por las apariencias	menos problemas de salud	algunos se obsesionan por ser delgados
las personas con sobrepeso son discriminadas	menos gastos médicos relacionados con la obesidad	algunos intentan hacer dietas riesgosas para la salud
		puede generar anorexia

B. Repase los grupos de ideas que escribió en las páginas 31 y 33 para el tema "¿Por qué las mascotas son tan importantes para sus dueños?". Decida cuál es el mejor método de organización y numere los grupos en el orden en que escribirá sobre ellos.

Las respuestas comienzan en la página 143.

Repase lo que entendió sobre las destrezas de organización respondiendo a las siguientes preguntas sobre los temas para la composición de GED de muestra.

TEMA

¿La vida es mejor en la ciudad o en un pueblo pequeño?

Escriba una composición en la que explique su punto de vista sobre el tema. Use sus observaciones personales, su experiencia y sus conocimientos para fundamentar su composición.

---

1. Usted ya hizo una lista de ideas o un mapa de ideas sobre este tema. ¿Cuál debería ser el primer paso para organizar sus ideas?

   _____

   _____

2. ¿Qué métodos puede utilizar para pensar más ideas?

   _____

   _____

   _____

   _____

   _____

3. ¿Cuál es el mejor tipo de organización para una composición como ésta? ¿Por qué?

   _____

   _____

4. ¿En qué orden ubicaría los tres grupos? ¿Por qué?

   _____

   _____

   _____

Las respuestas comienzan en la página 143.

Como sólo tendrá 45 minutos para escribir su composición de GED, dedique unos cinco minutos a planearla. En esta prueba corta, observe lo que pudo organizar al cabo de cinco minutos. Si necesita más tiempo para terminar, tómeselo pero recuerde que necesita practicar el organizar la composición en cinco minutos.

Recuerde que en esta etapa sólo está organizando las ideas para la composición. Continuará trabajando sobre la composición a lo largo del libro.

Consulte la composición que planeó en la página 25 para el siguiente tema. Siga los pasos que aprendió en esta unidad para organizar las ideas que reunió. <u>No escriba la composición; sólo organice las ideas.</u>

TEMA

¿La vida es mejor en la ciudad o en un pueblo pequeño?

Escriba una composición en la que explique su punto de vista sobre el tema. Use sus observaciones personales, su experiencia y sus conocimientos para fundamentar su composición.

Piense en el Paso 2 del programa PODER ....

Cuando termine de organizar la composición sobre el tema propuesto, responda a las siguientes preguntas.

1. ¿Pudo agrupar y rotular las ideas fácilmente?

2. ¿Le resultó fácil o difícil ampliar los grupos?

3. ¿Eligió la mejor organización para sus ideas?

 Guarde en la carpeta de redacción las ideas que organizó para esta composición. Volverá a usar este material en la Prueba corta al final de la próxima unidad.

Si le resultó difícil organizar ideas y desea conocer otros métodos que le puedan ser más útiles, lea la Lección 19, "Más modos de organizar las ideas".

• •

En la Unidad 3, usted aprenderá a redactar el primer borrador de una composición.

Las respuestas comienzan en la página 143.

Desarrollar

Una vez que haya planeado y organizado sus pensamientos e ideas, estará listo para desarrollarlos. Por eso, desarrollar la composición es el tercer paso del proceso de escritura PODER. Debe dedicar unos 25 minutos a desarrollar el primer borrador de su composición.

En esta unidad, usted aprenderá a desarrollar las tres partes de la composición: la introducción, el cuerpo y la conclusión. El párrafo introductorio plantea el tema de la composición, los párrafos del cuerpo lo desarrollan y el párrafo final le da un cierre a la composición. También aprenderá a producir buenas oraciones temáticas que expresen las ideas principales de los párrafos. Una introducción, un cuerpo y una conclusión sólidos son la esencia de una composición efectiva.

Desarrollar una composición es una forma de comunicar ideas.

Planear
la composición

Organizar
la composición

Evaluar
la composición

Revisar
la composición

P · O · D · E · R

Desarrollar la composición

- Las tres partes de una composición
- Párrafos y oraciones temáticas
- Escribir el párrafo introductorio
- Escribir los párrafos del cuerpo
- Desarrollar los párrafos del cuerpo
- Escribir el párrafo final

Esta unidad comprende las siguientes lecciones:

Lección 8: **Las tres partes de una composición**
Una composición tiene tres partes fundamentales: una introducción, un cuerpo y una conclusión.

Lección 9: **Párrafos y oraciones temáticas**
Los párrafos de la composición están organizados en torno a una idea principal con oraciones de apoyo.

Lección 10: **Escribir el párrafo introductorio**
El párrafo introductorio cuenta la idea principal de la composición en una tesis e introduce el resto de la composición.

Lección 11: **Escribir los párrafos del cuerpo**
Los párrafos del cuerpo desarrollan el tema con ideas de apoyo.

Lección 12: **Desarrollar los párrafos del cuerpo**
Una composición efectiva tiene ideas bien desarrolladas, lo cual significa que el escritor presenta ejemplos, razones y detalles.

Lección 13: **Escribir el párrafo final**
El párrafo final da la misma información que el párrafo introductorio, pero en lugar de introducir la información, hace un repaso de ella.

DESTREZA DE GED **Las tres partes de una composición**

Una composición tiene tres partes fundamentales: introducción, cuerpo y conclusión, en ese orden. Cada parte tiene un objetivo específico. En una composición de cinco párrafos, cada parte también consta de una cantidad específica de párrafos.

Para preparar la composición de cinco párrafos de la Prueba de GED, un estudiante leyó el siguiente tema y luego completó los dos primeros pasos del programa PODER. Lea el tema y observe su lista de ideas.

> ¿El ejercicio diario es importante para mantener la salud?
>
> Escriba una composición explicando su punto de vista. Use sus observaciones personales, experiencias y conocimientos.

Idea principal: *El ejercicio diario es importante.*

Más salud	*Verse mejor*	*Sentirse mejor*
corazón fuerte	perder peso	sentirse bien con
respirar mejor	músculos firmes	uno mismo
más resistencia	piel y cabello	más autoestima
quema calorías	saludables	reducir tensiones
		sentirse relajado

Luego, el estudiante escribió la siguiente composición. Léala y observe cómo las tres partes están contenidas en los cinco párrafos.

Introducción
- un párrafo
- incluye el tema de la composición
- cuenta la idea principal

Si bien muchas personas hacen ejercicio a diario, otras no. Si los que no hacen ejercicio supieran lo importante que es, todos empezarían una rutina de ejercicios. Hacer ejercicio a diario nos pone en forma. De hecho, además de ponernos en forma, nos ayuda a vernos y sentirnos mejor.

Cuerpo
- tres párrafos
- desarrolla el tema
- apoya la idea principal

En primer lugar, hacer ejercicio a diario es bueno para la salud. Cuando corremos, andamos en bicicleta o practicamos otra actividad aeróbica, el corazón se fortalece y respiramos mejor. Estos cambios físicos aumentan la resistencia y nos dan más energía. Además, el trabajo muscular quema más calorías.

El ejercicio ayuda a mejorar no sólo la salud, sino también el aspecto. Dado que el cuerpo quema más calorías, se pierde peso y nos vemos más esbeltos. Los músculos se tonifican. Nuestro aspecto se vuelve más joven y energético. Además, con mejor circulación, la piel y el cabello brillan más.

Todos estos beneficios físicos conducen a lo más importante: el ejercicio diario nos hace sentir mejor. Reduce la tensión muscular y nos relaja. Nos sentimos descansados y listos para las tareas cotidianas, y dormimos mejor. Al vernos mejor, nos sentimos mejor con nuestro cuerpo y con nosotros mismos. Así aumenta la autoestima.

Conclusión
- un párrafo
- resume y repasa la información del cuerpo

Con todos los beneficios del ejercicio diario, es difícil entender por qué algunas personas prefieren no hacerlo. Si lo hacemos, el cuerpo y la mente nos lo agradecerán.

DESTREZA DE GED **Párrafos y oraciones temáticas**

Antes de escribir la composición, es necesario saber cómo desarrollar un buen párrafo. Para hacerlo, concéntrese en el grupo de ideas que escribió en el Paso 2 del programa PODER. Cada grupo será un párrafo de la composición.

Todos los párrafos deben tener una **oración temática** que cuente la idea principal del párrafo. Las otras ideas son **detalles de apoyo** del párrafo. La oración temática se puede escribir al principio, mitad o final del párrafo. El párrafo se puede redactar de una de tres maneras:

oración temática
la oración que cuenta la idea principal del párrafo

detalles de apoyo
otras ideas que brindan más información sobre la idea principal

Oración temática – Detalles de apoyo

Detalles de apoyo – **Oración temática** – Detalles de apoyo

Detalles de apoyo – **Oración temática**

Lea los siguientes párrafos. ¿Dónde están las oraciones temáticas?

1. El costo de vida ha aumentado constantemente en las últimas décadas. Hace 40 años un pan costaba 30 centavos. Hoy cuesta seis o siete veces más. Hace 30 años, un automóvil nuevo costaba $4,000. Hoy el costo promedio ronda los $14,000. El precio de los inmuebles es otro ejemplo del aumento de los costos. En la década de 1960, el alquiler de un apartamento no llegaba $125 por mes, pero hoy el mismo apartamento cuesta por lo menos $600 al mes.

2. Durante el verano, el ingreso a muchas piscinas municipales es gratis o sólo cuesta unos pocos dólares. Los días de campo son una forma de disfrutar del aire libre, especialmente en las frescas tardes de verano. En algunos parques de la ciudad hay obras de teatro o conciertos gratis en vivo. Basta llevar una silla plegable. Los centros de recreación ofrecen actividades para todas las edades, desde cine hasta bolos. Los parques de diversiones y las vacaciones largas son tradicionales; pero las familias con presupuesto reducido también pueden disfrutar el verano.

La primera oración del párrafo 1 es la oración temática. Cuenta la idea principal del párrafo. Las otras oraciones apoyan la idea principal del párrafo con detalles que contrastan el precio del pan, los automóviles y los inmuebles. En el párrafo 2, la oración temática es la última y plantea la idea principal del párrafo.

Lea los párrafos. Luego, responda a las preguntas.

1.   Un buen empleado sabe lo importante que es no faltar demasiado al trabajo y cumplir con las tareas. Rara vez se despide a alguien porque la calidad del trabajo no sea buena. En cambio, las personas pierden el trabajo por otras cosas, como no presentarse o no cumplir con las tareas. Los gerentes necesitan saber que pueden contar con que los empleados estarán en sus puestos. Los empleadores no tienen mucha tolerancia con los empleados que hablan tanto con sus compañeros de trabajo que no les alcanza el tiempo para terminar sus tareas.

   a. ¿De qué trata el párrafo? _____

   _____

   b. Subraye la oración temática.

   c. Enumere algunos detalles de apoyo. _____

   _____

   _____

   _____

   _____

2.   Con los años, las personas han ocupado una buena parte del área silvestre en la cual vive el águila calva. Las águilas construyen sus nidos en la cima de árboles altos cerca del agua. Esos terrenos se han ido transformando cada vez más en tierras agrícolas o calles de ciudades y la contaminación de los lagos y los ríos ha envenenado los peces de los que se alimentan las águilas. En consecuencia, el águila calva ha tenido problemas para reproducirse. Pone huevos cuyas crías no salen del cascarón. Además, hasta 1950 estaba permitida la caza de muchas de estas águilas. Resulta irónico que los estadounidenses sean los responsables directos de haber convertido al águila calva, su símbolo nacional, en una especie en peligro de extinción.

   a. ¿De qué trata el párrafo? _____

   _____

   b. Subraye la oración temática.

   c. Enumere algunos detalles de apoyo. _____

   _____

   _____

   _____

   _____

Las respuestas comienzan en la página 144.

Los siguientes párrafos tienen detalles de apoyo, pero no tienen una oración temática. Encierre en un círculo la letra de la mejor oración temática para cada párrafo.

1.   Algunas compañías publican cupones u ofertas de reembolso en periódicos o los envían por correo. Otras directamente los adjuntan al envase de los productos. Las compañías esperan que estas ofertas incentiven a los consumidores a comprar sus productos. El precio del cupón se descuenta del costo de la mercadería al comprarla. Para obtener un reembolso, el consumidor debe enviar a la compañía la factura y una etiqueta del producto y esperar que le envíen por correo un cheque de reembolso. Los compradores pueden ahorrar dinero aprovechando estos incentivos de los fabricantes.

    a. Los consumidores pueden llegar a fin de mes comprando marcas genéricas y aprovechando los cupones de ofertas.

    b. Muchos fabricantes intentan aumentar las ventas ofreciendo cupones de ahorro o reembolsos.

    c. Los fabricantes deberían bajar el precio de los productos en lugar de ofrecer cupones para que los compradores compren sus productos.

2.   En un programa de prevención del delito, a veces se le paga a alguien para que brinde información que lleve a la detención y condena de una persona que comete un delito grave. La identidad de la persona que da la información se mantiene en secreto para que no sufra ningún daño. Los fondos que mantienen este programa de prevención provienen de los impuestos y de contribuciones privadas. Este esfuerzo ha ayudado a muchas comunidades a resolver casos de delincuencia.

    a. Una organización recompensa a las personas que brindan información sobre delitos que se han cometido.

    b. El delito en este país aumenta a un ritmo alarmante y se deben tomar medidas al respecto.

    c. Hay mejores formas de luchar contra el delito que depender del dinero de los contribuyentes.

3.   Incluso antes de tener una entrevista, el currículum le da al posible empleador una primera impresión de la persona. Un empleador puede descartar a un postulante que tenga un currículum vitae que dé una mala impresión. El currículum debe ser prolijo y fácil de leer. También debe estar completo, con la suficiente información importante sobre la persona. Si está bien organizado, puede brindar muchos detalles sin ser demasiado largo; es preferible que tenga sólo una página. Se puede subrayar y usar mayúsculas y asteriscos para señalar la información importante que la persona quiera que el empleador sepa.

    a. El currículum es una herramienta que sirve para conseguir una entrevista de trabajo.

    b. Cuando tenga una entrevista de trabajo, debe hablar sobre toda su experiencia laboral.

    c. Aunque tenga un buen currículum, no obtendrá el trabajo si llega tarde a la entrevista.

Las respuestas comienzan en la página 144.

Escriba una oración temática para cada párrafo.

1.   Hace 200 años, no había muchas personas que supieran leer o escribir. En esa época, se podía conseguir un trabajo o ganarse la vida sin tener que leer o escribir el nombre de uno. Sin embargo, con los años, los trabajos se hicieron más complejos y complicados. Las máquinas y la tecnología reemplazaron a los trabajadores que antes hacían el trabajo manual. La capacidad de pensar adquirió mucha más importancia. La norma ahora son los trabajos que requieren saber leer, escribir, usar la computadora y pensar.

_____

_____

_____

2.   Fumar es perjudicial para la salud. De hecho, se ha probado que el uso del tabaco en cualquiera de sus formas es dañino. Todos los años mueren miles de personas de cáncer de pulmón y otras tantas mueren por enfermedades cardíacas relacionadas con el hábito de fumar. Fumar es además un hábito caro. Los grandes fumadores llegan a gastar hasta $7 por día en cigarrillos. ¡Son unos $210 por mes! Imagine todo lo que se podría comprar con ese dinero.

_____

_____

_____

3.   Existen grupos de consumidores a los cuales se puede recurrir para pedir ayuda financiera. Ellos revisarán sus finanzas y lo aconsejarán sobre cómo reducir la deuda. Le ayudarán a hacer un presupuesto para pagarle a sus acreedores, e incluso le dirán si su situación financiera es tan complicada que necesite consultar con un abogado. Las personas a las que usted les debe dinero a menudo también cooperarán. Quizás estén dispuestos a reducir la cuota mensual para que usted pueda pagarles. Lo más importante es que usted podrá aprender a vivir dentro de sus posibilidades.

_____

_____

_____

4.   Los farmacéuticos generalmente no escriben la fecha de vencimiento en los medicamentos recetados, aunque en el envase suele aparecer la fecha de la receta. Por lo general, no se debe tomar un medicamento que tenga más de un año. Una buena regla para recordar el tiempo que duran los medicamentos recetados es "Ante la duda, no lo consuma".

_____

_____

_____

Las respuestas comienzan en la página 144.

DESTREZA DE GED Escribir el párrafo introductorio

tesis
una oración que cuenta el tema de una composición

oraciones introductorias
oraciones de la introducción que le dicen al lector qué leerá en la composición

SUGERENCIA

A veces, su idea principal se hace más clara después de que planea su composición. Su tesis puede enfocarse exactamente en lo que usted quiere expresar.

Un buen **párrafo introductorio** sirve para varias cosas:
- Dice cuáles son el tema y la idea principal.
- Da un vistazo previo de la composición.
- Puede brindar información de antecedentes.

El tema de una composición se plantea en una oración llamada **tesis**. La tesis es la idea principal de la composición. Para escribirla, reescriba la idea principal del Paso 1 de PODER. Amplíela agregándole palabras que la expliquen o la refuercen. En este ejemplo se muestra cómo una estudiante amplió la idea principal para convertirla en su tesis.

Idea principal: Me gustan las comedias de televisión.
Tesis: De todos los programas de televisión, prefiero las comedias.

Un buen párrafo introductorio tiene una o más **oraciones introductorias**. Estas oraciones le dicen al lector qué leerá en la composición. Para escribirlas, use los grupos rotulados del Paso 2 del programa PODER y explíquelos en términos generales, breves e interesantes.

Por último, agregue una o dos **oraciones de antecedentes** que proporcionen información general sobre el tema. Éstas no son necesarias, pero ayudan a introducir el tema.

Éste es el párrafo introductorio de la composición de las páginas 42 y 43. En la etapa de planificación, la idea principal era: "El ejercicio diario es importante".

Subraye la tesis. Encierre en un círculo la oración de antecedentes.

Si bien muchas personas hacen ejercicio a diario, otras no. Si los que no hacen ejercicio supieran lo importante que es, todos empezarían una rutina de ejercicios. Hacer ejercicio a diario nos pone en forma. De hecho, además de ponernos en forma, nos ayuda a vernos y sentirnos mejor.

La tesis es: *Hacer ejercicio a diario nos pone en forma.* La oración de antecedentes es: *De hecho, además de ponernos en forma, nos ayuda a vernos y sentirnos mejor.* Dice de qué tratan los tres párrafos del medio. Las primeras dos oraciones de la introducción son información de antecedentes.

Escriba párrafos introductorios para las tareas temáticas que se presentan a continuación. Siga los siguientes pasos.

a. Lea las tareas temáticas. Use los Pasos 1 y 2 del programa PODER para crear grupos de ideas, rotúlelos y escriba la idea principal de cada tema. El tema 1 ya está hecho. Tómelo como modelo.

b. Escriba un párrafo introductorio para cada composición. Escriba cada tema en hojas separadas.

TEMA 1

¿Es justo que los atletas profesionales reciban sueldos tan altos?

Escriba una composición en la que explique su punto de vista. Use sus observaciones personales, su experiencia y sus conocimientos.

Idea principal: Los atletas ganan dinero.

Trabajo físico	**Profesionales**	**Servicio a la comunidad**
requiere un entrenamiento intenso	se entrenan durante mucho tiempo	son un modelo positivo
pueden lesionarse o ser internados en un hospital	trabajan mucho para ser profesionales	hacen anuncios publicitarios contra las drogas
posibilidad de sufrir lesiones a largo plazo	tienen que seguir una dieta estricta	hacen obras de caridad
mucho esfuerzo durante el juego	no tienen privacidad	

TEMA 2

¿Cómo influye el rock en los jóvenes?

Escriba una composición en la que explique las influencias positivas, las influencias negativas o ambas. Use sus observaciones personales, su experiencia y sus conocimientos.

TEMA 3

¿Cuál es la función de los padres?

Escriba una composición en la que analice las responsabilidades de ser padre, los placeres o ambos. Explique su punto de vista con detalles y ejemplos. Use sus observaciones personales, su experiencia y sus conocimientos.

Las respuestas comienzan en la página 144.

DESTREZA DE GED **Escribir los párrafos del cuerpo**

Ahora está listo para escribir los **párrafos del cuerpo** de su composición. Estos tres párrafos desarrollan el tema y sustentan la tesis del párrafo introductorio con ideas de apoyo.

Para escribir los tres párrafos del cuerpo, use los grupos de ideas ampliados del Paso 2 del programa PODER. Siga el orden que eligió para los grupos. Use el rótulo que dio al primer grupo para escribir la oración temática de ese párrafo. Luego use las ideas del grupo para escribir las oraciones de apoyo del párrafo. Tenga siempre a mano la lista para asegurarse de que las oraciones de apoyo responden al tema.

Siga los mismos pasos para escribir los siguientes dos párrafos.

Éstos son los párrafos del cuerpo de la composición sobre el ejercicio de las páginas 42 y 43. Compare los párrafos con los tres grupos de ideas. Observe cómo las oraciones temáticas subrayadas expresan la idea principal del párrafo. Observe también que el escritor agregó detalles que no están en los grupos. Mientras estaba escribiendo los párrafos del cuerpo, se le ocurrieron otras ideas.

SUGERENCIA

Puede poner una oración temática al principio, a la mitad o al final de un párrafo, pero es mejor ponerla al inicio para que su lector sepa de qué trata el párrafo.

Más salud

corazón fuerte

respirar mejor

más resistencia

quema calorías

En primer lugar, hacer ejercicio a diario es bueno para la salud. Cuando corremos, andamos en bicicleta o practicamos otra actividad aeróbica, el corazón se fortalece y respiramos mejor. Estos cambios físicos aumentan la resistencia y nos dan más energía. Además, el trabajo muscular quema más calorías.

Verse mejor

perder peso

músculos firmes

piel y cabello saludables

El ejercicio ayuda a mejorar no sólo la salud, sino también el aspecto. Dado que el cuerpo quema más calorías, se pierde peso y nos vemos más esbeltos. Los músculos se tonifican. Nuestro aspecto se vuelve más joven y energético. Además, con mejor circulación, la piel y el cabello brillan más.

Sentirse mejor

*sentirse bien con
uno mismo

más autoestima

reducir tensiones

sentirse relajado*

Todos estos beneficios físicos conducen a lo más importante: el ejercicio diario nos hace sentir mejor. Reduce la tensión muscular y nos relaja. Nos sentimos descansados y listos para las tareas cotidianas, y dormimos mejor. Al vernos mejor, nos sentimos mejor con nuestro cuerpo y con nosotros mismos. Así aumenta la autoestima.

SUGERENCIA

Puede usar nuevas ideas que se le ocurran en cualquier paso del programa PODER. Pero asegúrese de que apoyen la tesis de la composición y la oración temática del párrafo.

Mire el primer grupo de ideas de la página 49 sobre el sueldo de los atletas. Escriba la oración temática en otra hoja. Luego escriba las oraciones de apoyo.

Compare su trabajo con el siguiente párrafo del cuerpo de muestra. La oración temática está subrayada: *El trabajo del atleta profesional requiere de un trabajo físico exigente. Los atletas deben entrenarse intensamente para estar en forma. Ponen un gran esfuerzo en cada juego. Además, los atletas se pueden lastimar durante un juego y a veces es preciso internarlos en un hospital. La posibilidad de sufrir lesiones a largo plazo es una amenaza constante.*

ENFOQUE EN LAS DESTREZAS DE GED

Use lo que escribió en la sección Enfoque en las destrezas de GED, página 49. Siga estos pasos en cada tarea temática. Use la misma hoja de los párrafos introductorios.

a. Repase la lista de ideas y el párrafo introductorio que escribió.

b. Siga el orden que eligió para las listas.

c. Use los rótulos para escribir oraciones temáticas.

d. Use las ideas del grupo para escribir oraciones de apoyo.

e. Agregue detalles a medida que se le ocurran.

1. Escriba tres párrafos del cuerpo que justifiquen los sueldos altos de los atletas profesionales.

2. Escriba tres párrafos del cuerpo acerca de si el rock es una mala influencia para los jóvenes, una buena influencia o ambas.

3. Escriba tres párrafos del cuerpo acerca de las responsabilidades de ser padre, los placeres o ambos.

Las respuestas comienzan en la página 144.

DESTREZA DE GED Desarrollar los párrafos del cuerpo

Para escribir una composición efectiva, es necesario desarrollar las ideas. **Desarrollar** significa explicar con detalles y ejemplos.

Cuando se desarrollan las ideas en un párrafo del cuerpo, se apoya la oración temática del párrafo. A su vez, las tres oraciones temáticas de los párrafos del cuerpo apoyan la tesis de toda la composición. De esta manera, se escribe una composición sólida.

Observe cómo el escritor de la composición sobre el ejercicio apoyó algunas de sus primeras ideas agregando detalles que las explican.

SUGERENCIA

Recuerde que puede corregir errores de ortografía, puntuación o gramática después de anotar las ideas.

Ideas de apoyo	Detalles en el párrafo del cuerpo
• quema calorías	el trabajo muscular quema más calorías
• perder peso	se pierde peso y nos vemos más esbeltos

En un ejemplo se nombra a una persona o se explica una situación que ilustra lo que se quiere decir. Lea los ejemplos que el escritor agregó a la composición sobre el ejercicio para ilustrar las ideas de apoyo.

Ideas de apoyo	Ejemplos en el párrafo del cuerpo
• ejercicio periódico	nos acostumbramos a correr, andar en bicicleta o practicar alguna otra actividad aeróbica
• sentirse más relajado	nos sentimos descansados y listos para las tareas cotidianas, y dormimos mejor

En la composición sobre los sueldos de los atletas, una de las ideas de apoyo del tercer párrafo es: "Los atletas son un modelo positivo".

Para desarrollar esta idea, piense en un atleta que haya sido un modelo positivo. ¿Qué fue lo que hizo?

_____

_____

Una respuesta posible es: *Al admitir que era VIH positivo, el jugador de básquet Magic Johnson contribuyó a reducir el estigma de la enfermedad.*

A. Vuelva a escribir las siguientes oraciones y agregue más detalles a la idea de apoyo. Si necesita pensar en más detalles, use las preguntas que están a continuación de cada oración.

1. Dormir es importante. (¿Por qué es importante? ¿Cómo nos hace sentir? ¿Qué provoca en las personas la falta de sueño? ¿Qué pasa cuando dormimos?)

   _____

   _____

   _____

2. La honestidad es el mejor camino. (¿Por qué debemos ser honestos? ¿En qué situaciones la honestidad cumple una función importante? ¿Qué puede pasar si no somos honestos? ¿Hay momentos en los que es mejor no ser honesto? ¿Qué pasaría si la mayoría de las personas tuvieran por costumbre ser deshonestas?)

   _____

   _____

   _____

B. Agregue al menos un ejemplo a las siguientes oraciones. Si necesita pensar en más ejemplos, use las preguntas que están a continuación.

3. Nuestra vida está llena de ruido. (¿A qué tipo de ruidos se refiere? ¿Quién o qué produce los ruidos?)

   Por ejemplo, _____

   _____

   _____

4. A veces las personas son groseras. (¿Quién es grosero en particular? ¿Qué cosas groseras hace?)

   Por ejemplo, _____

   _____

   _____

C. Agregue detalles y ejemplos para desarrollar los párrafos que escribió sobre los sueldos de los atletas, el rock y los padres. Hágase preguntas que lo ayuden a pensar en más detalles y ejemplos. Agréguelos al margen o vuelva a escribir los párrafos.

Las respuestas comienzan en la página 144.

DESTREZA DE GED **Escribir el párrafo final**

El último párrafo de la composición es el **párrafo final.** Da la misma información que el párrafo introductorio, pero está escrito desde una perspectiva distinta. En lugar de introducir las ideas de la composición, el párrafo final las repasa, replantea la tesis y resume las ideas de apoyo. Por ejemplo, vuelva a leer el párrafo final de la composición sobre el ejercicio.

> *Con todos los beneficios del ejercicio diario, es difícil entender por qué algunas personas prefieren <u>no</u> hacerlo. Si lo hacemos, el cuerpo y la mente nos lo agradecerán.*

A medida que escribe la composición, quizás quiera agregar o cambiar frases u oraciones. Deje márgenes amplios para poder incorporar cambios fácilmente.

La tesis del párrafo introductorio es: *Hacer ejercicio a diario nos pone en forma.* La última oración del párrafo final replantea esa idea de la siguiente forma: *Si lo hacemos, el cuerpo y la mente nos lo agradecerán.*

Los detalles de apoyo de la composición analizaron tres beneficios de hacer ejercicio: más salud, verse mejor, sentirse mejor. Estos detalles se resumen en la frase: *Con todos los beneficios del ejercicio diario, es difícil entender por qué algunas personas prefieren <u>no</u> hacerlo.*

Por último, en la conclusión también se incluye este fuerte enunciado sobre el tema que deja una impresión en la mente del lector: *es difícil entender por qué algunas personas prefieren <u>no</u> hacerlo.*

Vuelva a leer el párrafo introductorio y los párrafos del cuerpo que escribió para la composición sobre el sueldo de los atletas de las páginas 49 y 51. Escriba el párrafo final de la composición en la misma hoja.

Éste es un posible párrafo final:
Los atletas profesionales nos ofrecen horas de entretenimiento y también brindan un valioso servicio a la comunidad. Se esfuerzan muchísimo para hacerlo posible. Teniendo en cuenta lo que contribuyen, los sueldos altos que cobran están más que justificados. De hecho, deberían pagarles más.

Su párrafo final puede ser distinto, pero debe replantear la tesis y resumir las tres ideas principales de los tres párrafos del cuerpo. También debe incluir un último enunciado que deje una gran impresión.

Vuelva a mirar el párrafo introductorio y los párrafos del cuerpo que escribió para las composiciones sobre el rock y los padres de las páginas 49 y 51. Luego complete los siguientes ejercicios.

1. Escriba un párrafo final para la composición sobre las formas en que el rock influye en los jóvenes.

   _____
   _____
   _____
   _____
   _____
   _____
   _____
   _____
   _____

2. Escriba un párrafo final para la composición sobre las responsabilidades de ser padre, los placeres o ambos.

   _____
   _____
   _____
   _____
   _____
   _____
   _____
   _____
   _____

Las respuestas comienzan en la página 144.

Repase lo que entendió sobre cómo desarrollar un primer borrador respondiendo a las siguientes preguntas sobre los temas para la composición de GED de muestra.

TEMA

¿La vida es mejor en la ciudad o en un pueblo pequeño?

Escriba una composición en la que explique su punto de vista sobre el tema. Use sus observaciones personales, su experiencia y sus conocimientos para fundamentar su composición.

---

1. ¿Qué tres partes incluiría en una composición sobre este tema?

_____

_____

2. ¿Qué tipo de información debería estar en el párrafo introductorio?

_____

_____

_____

3. ¿Cómo decidiría cuántos párrafos del cuerpo debería escribir?

_____

_____

_____

4. ¿Cómo escribiría la oración temática y los detalles de apoyo de los párrafos del cuerpo?

_____

_____

_____

5. ¿Qué tipo de información debería estar en el párrafo final? ¿En qué se diferencia del párrafo introductorio?

_____

_____

_____

Las respuestas comienzan en la página 145.

Como sólo tendrá 45 minutos para escribir su composición de GED, dedique unos veinticinco minutos a escribir el primer borrador. Si necesita más tiempo para terminar esta prueba corta, tómeselo, pero recuerde que necesita practicar el completar el primer borrador en veinticinco minutos.

Consulte las ideas que organizó en la página 39 para el siguiente tema. En una hoja aparte, siga los pasos que aprendió en esta unidad para escribir el primer borrador de una composición sobre el tema.

TEMA

¿La vida es mejor en la ciudad o en un pueblo pequeño?

Escriba una composición en la que explique su punto de vista sobre el tema. Use sus observaciones personales, su experiencia y sus conocimientos para fundamentar su composición.

Piense en el Paso 3 del programa PODER ....

Una vez que termine de desarrollar la composición sobre el tema propuesto, responda a las siguientes preguntas.

1. ¿El párrafo introductorio introduce eficazmente el resto de la composición?

2. ¿Ha organizado los párrafos en ideas principales con detalles de apoyo?

3. ¿La conclusión hace referencia a la tesis?

 Guarde el borrador de este tema para la composición. Si lo desea, guárdelo en la carpeta de redacción. Volverá a usar este material en la Prueba corta al final de la próxima unidad.

Si desea otras sugerencias sobre cómo escribir un primer borrador, lea la Unidad 7: "Mejorar la puntuación".

• •

En la Unidad 4, usted aprenderá a evaluar su composición.

Las respuestas comienzan en la página 145.

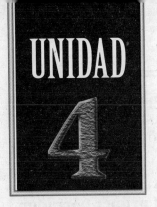
Evaluar

Cuando haya terminado de desarrollar el borrador de la Prueba de GED, busque maneras de revisarlo y mejorarlo. En la siguiente unidad, aprenderá más sobre cómo revisar una composición. Una vez que entregue la composición, lectores entrenados la evaluarán y le asignarán una puntuación. Por eso, evaluar la composición es el cuarto paso del proceso de redacción PODER.

En esta unidad, usted aprenderá cómo evaluarán su composición. Conocerá el método holístico de puntuación que utilizan los evaluadores para juzgar la efectividad general de la composición. También aprenderá a usar los criterios de la Guía de puntuación para composiciones de GED para evaluar la efectividad de las composiciones.

Aproveche cualquier tipo de evaluación como una oportunidad para mejorar.

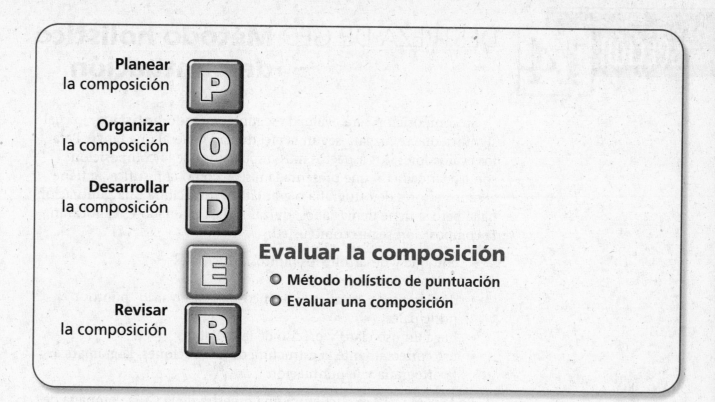

Planear la composición

Organizar la composición

Desarrollar la composición

Revisar la composición

Evaluar la composición

- Método holístico de puntuación
- Evaluar una composición

Esta unidad comprende las siguientes lecciones:

Lección 14: Método holístico de puntuación

Los evaluadores de GED asignarán una puntuación a su composición según su efectividad general. Este método se denomina calificar en forma holística. En esta lección se incluye una copia de la guía de puntuación con la cual se calificará su composición.

Lección 15: Evaluar una composición

Los evaluadores de las composiciones de GED juzgarán su composición según cómo usted responde al tema, organiza y desarrolla las ideas y brinda detalles y ejemplos de apoyo. También se fijarán en la estructura y el uso de las oraciones y en el uso de palabras. En esta lección, aprenderá más sobre los criterios de puntuación de composiciones de GED evaluando otras composiciones.

DESTREZA DE GED Método holístico de puntuación

Su composición será evaluada según el método **holístico,** lo cual significa que se juzgará según la efectividad general que tenga. Para los evaluadores, los aspectos más importantes de la composición son la claridad con que presenta la tesis y cómo la justifica. Si tiene algunos errores de ortografía o gramática, no recibirá una puntuación baja, pero si tiene demasiados, quizás sí. Los evaluadores calificarán la composición según cómo usted:

- enfoque y desarrolle los puntos principales
- organice la composición
- dé ejemplos y detalles específicos para apoyar los puntos principales
- haga un uso claro y preciso de las palabras
- use correctamente la estructura de las oraciones, la gramática, la ortografía y la puntuación

En la página 10 se encuentra una muestra de la Guía completa de puntuación para composiciones de GED con explicaciones detalladas de las características que buscan los evaluadores cuando leen una composición.

Las composiciones con una puntuación de 1 ó 1.5 se consideran desaprobadas y el estudiante debe repetir los ejercicios de opción múltiple y la composición de la Prueba de Redacción de GED. Si en la composición obtiene una puntuación de 2 o más, se aplica una fórmula para encontrar una puntuación combinada para las Partes I y II de la Prueba de Redacción.

Lea la siguiente composición de muestra y la puntuación que probablemente reciba.

TEMA

¿La vida es mejor en la ciudad o en un pueblo pequeño?

Escriba una composición en la que explique su punto de vista sobre el tema. Use sus observaciones personales, su experiencia y sus conocimientos para fundamentar su composición.

La vida en la gran ciudad y la vida en un pueblo pequeño son muy distintas. Vivir en la ciudad tiene ventajas y desventajas, así como los pueblos tienen cosas buenas y malas.

Algunas de las cosas malas de la vida en la ciudad son el alto índice de delincuencia, las viviendas avarrotadas de gente y la gran cantidad de trafico. La vida en la ciudad también puede ser muy placentera ya que tiene más lugares de trabajo y de dibersión.

El ritmo de vida en un pueblo pequeño es más lento. Las personas son más amigables porque el índice de delincuencia es menor. Las casas no están tan cerca unas de otras y las carreteras no están tan atestadas de autos porque hay menos oportunidades de trabajo y dibersión.

En mi opinión, la vida en un pueblo pequeño es mucho mejor que la vida en la ciudad porque la vida a un ritmo menos acelerado es más gratificante.

Es probable que esta composición reciba una puntuación de 2. Está organizada, pero en la introducción no se menciona el tema directamente aclarando si el escritor cree que la vida es mejor en un pueblo pequeño o en la ciudad; también hay algunos errores en las convenciones del español, principalmente de ortografía.

Lea en la guía de puntuación de la página 10 sobre el desarrollo y los detalles en una composición con una puntuación de 2. Compare esa descripción con la composición anterior. ¿Por qué otra razón esta composición recibió un 2?

La composición no desarrolla los detalles, se limita a enumerarlos en el primer párrafo del cuerpo y los repite en el segundo.

En la próxima lección, leerá composiciones y practicará asignarles una puntuación mediante el método holístico.

DESTREZA DE GED **Evaluar una composición**

Cuando se evalúa una composición de GED, se consideran cinco áreas: cómo responde al tema de la composición, organización, desarrollo y detalles, convenciones del español escrito (estructura de las oraciones, uso, ortografía, mayúsculas y puntuación) y uso de palabras. Puede consultar la siguiente lista para evaluar su composición.

SUGERENCIA

Los evaluadores de GED experimentados leen una composición una vez y entonces le asignan una puntuación. Sin embargo, cuando usted evalúe su composición, léala más de una vez para ver cómo puede mejorarla y obtener una puntuación más alta.

Sí	No	**Cómo responde al tema de la composición**
☐	☐	(1) ¿Hay una idea principal claramente presentada?
☐	☐	(2) ¿La composición desarrolla el tema asignado?

Organización

Sí	No	
☐	☐	(3) ¿Hay una tesis e introducción en el párrafo introductorio?
☐	☐	(4) ¿En todos los párrafos del cuerpo hay una oración temática y detalles relacionados con ella?
☐	☐	(5) ¿El párrafo final vuelve a expresar la tesis y repasa las ideas?
☐	☐	(6) ¿Es fluida la transición entre los párrafos y entre las oraciones?

Desarrollo y detalles

Sí	No	
☐	☐	(7) ¿Los párrafos incluyen detalles específicos y ejemplos que apoyan las oraciones temáticas?
☐	☐	(8) ¿La composición apoya la tesis?
☐	☐	(9) ¿La composición tiene sólo los detalles necesarios?

Convenciones del español escrito

Sí	No	
☐	☐	(10) ¿Están las ideas presentadas en oraciones completas?
☐	☐	(11) ¿Se utilizan oraciones con estructuras diferentes?
☐	☐	(12) ¿Hay concordancia entre los sujetos y los verbos?
☐	☐	(13) ¿Se utilizan los tiempos verbales correctamente?
☐	☐	(14) ¿Se utilizan los signos de puntuación correctamente?
☐	☐	(15) ¿Es correcta la ortografía?
☐	☐	(16) ¿Es correcto el uso de las mayúsculas?

Uso de palabras

Sí	No	
☐	☐	(17) ¿Se utilizan palabras variadas y apropiadas?
☐	☐	(18) ¿Se utilizan palabras de manera precisa?

SUGERENCIA

Cuando evalúe su composición de GED, léala detenidamente para asegurarse de que sus ideas estén claramente presentadas. Pregúntese: "¿Otro lector entendería lo que escribí?."

Para evaluar su composición, léala al menos dos veces. En la primera lectura, concéntrese en las tres primeras áreas de la lista: cómo responde al tema de la composición, organización y desarrollo y detalles. Estas preguntas le permiten evaluar la presentación que ha hecho de las ideas. En la segunda lectura, concéntrese en las dos últimas áreas de la lista: convenciones del español escrito y uso de palabras.

Las seis composiciones que se presentan en esta página y las siguientes fueron escritas respondiendo a la tarea de redacción de la página 60 sobre las diferencias entre la vida en la ciudad y en un pueblo pequeño. Evalúe las composiciones solo o con un compañero siguiendo los siguientes pasos.

1. Lea las composiciones una vez para evaluarlas como lo haría un evaluador de GED. Asigne una puntuación de 1 a 4 según la guía de puntuación de GED de la página 60.

2. Evalúe las composiciones nuevamente para mejorar la presentación de las ideas. Responda a las preguntas de las tres primeras áreas de la lista que le sigue a cada composición.

3. Verifique las composiciones una tercera vez para evaluar el manejo de las convenciones del español escrito y el uso de palabras. Responda a las preguntas de las dos últimas áreas de la lista que le sigue a cada composición.

Composición 1

Si tubiéramos que considerar las ventajas y desventajas de vivir en la ciudad y vivir en el campo o en un pueblo pequeño abría que evaluar diversos aspectos de las dos situaciones, dándole la misma importancia a los puntos a favor y a los puntos en contra.

Por ejemplo la vida en la ciudad tiene varios puntos importantes, cuando uno vive en la ciudad (la gente de ciudad) como se la llama, está rodeado de comodidades, el lugar de trabajo la casa, la escuela, y las tiendas están dentro del perímetro o apenas se sale de la misma ciudad. Esto brinda una ventaja impresionante sobre la localidad, la gente de ciudad tiene todas las de ganar ya que todo está ahí al alcance de la mano, no tienen que irse hasta muy lejos para ir de un punto a otro, por decirlo de algún modo.

Por otro lado, las desventajas también son abundantes. casi todo el tiempo hay congestionamiento de tráfico. La mayoría de las veces el esmog rodea a la ciudad con un velo muy poco saludable de diversos contaminantes, muchos de los cuales son nosivos para respirar en algunos días cuando el aire esta excepcionalmente pesado. El índice de delincuencia es más alto en las grandes ciudades urbanas, muchas personas pasan de paso, van de un lado para otro, llendo hacia quién sabe dónde...

Las drogas siempre están presentes, muchos traficantes de alto de alto nivel prefieren la ciudad ya que les da una gran variedad de personas a quiénes vender su veneno. Los niños quedan encerrados en este panorama espantoso, las drogas y los problemas relacionados con la droga asolan a las ciudades. Por todas estas cosas negativas las personas buscan pueblos más pequeños y la vida del campo como para escapar del acinamiento y del anonimato que implica la vida en la ciudad. Los pueblos más pequeños as contrario tienen casi la misma cantidad de diverciones que sus equivalentes más acinados, las personas parecen interrelacionarse mejor, hay un sentido de pertenencia, los pueblerinos están casi siempre mejor adaptados. tienen menos problemas, se podría decir que sí tienen algunos de los problemas de las grandes ciudades pero dsde ya, a una escala mucho menor.

Nosotros como personas debemos lidiar con la manera que sea que tengamos que sobrevivir, aveces no tenemos opción de dónde preferimos vivir adonde realmente tenemos que vivir. Los trabajos de la década de 1980 suelen determinar nuestra situación, muchas veces conseguimos un translado de trabajo que nos lleva a diversas localidades. Los que están en el ejército por ejemplo deben reubicarse periódicamente. Mi sensasión es que debemos sacar lo mejor de una ciudad o de un pueblo y que como un pueblo la mayoría de las veces se puede conseguir un buen estándar de vida no importa donde vivamos.

Composición 1

○   ○   ○   ○
1   2   3   4

Sí	No	**Cómo responde al tema de la composición**
☐	☐	(1) ¿Hay una idea principal claramente presentada?
☐	☐	(2) ¿La composición desarrolla el tema asignado?

Organization

☐	☐	(3) ¿Hay una tesis e introducción en el párrafo introductorio?
☐	☐	(4) ¿En todos los párrafos del cuerpo hay una oración temática y detalles relacionados con ella?
☐	☐	(5) ¿El párrafo final vuelve a expresar la tesis y repasa las ideas?
☐	☐	(6) ¿Es fluida la transición entre los párrafos y entre las oraciones?

Desarrollo y detalles

☐	☐	(7) ¿Los párrafos incluyen detalles específicos y ejemplos que apoyan las oraciones temáticas?
☐	☐	(8) ¿La composición apoya la tesis?
☐	☐	(9) ¿La composición tiene sólo los detalles necesarios?

Convenciones del español escrito

☐	☐	(10) ¿Están las ideas presentadas en oraciones completas?
☐	☐	(11) ¿Se utilizan oraciones con estructuras diferentes?
☐	☐	(12) ¿Hay concordancia entre los sujetos y los verbos?
☐	☐	(13) ¿Se utilizan los tiempos verbales correctamente?
☐	☐	(14) ¿Se utilizan los signos de puntuación correctamente?
☐	☐	(15) ¿Es correcta la ortografía?
☐	☐	(16) ¿Es correcto el uso de las mayúsculas?

Uso de palabras

☐	☐	(17) ¿Se utilizan palabras variadas y apropiadas?
☐	☐	(18) ¿Se utilizan palabras de manera precisa?

Creo que la vida rural es mejor que la urbana. Porque se ahorra tiempo y dinero. No hay que ir tanto al almacén. No hay que ir y venir en autobús. Se puede lavar a mano la ropa de cada uno. Es menos complicado. El índice de delincuencia es muy bajo. Menos tráfico. Menos preocupación por los asaltos o los robos porque el pueblo es muy pequeño. Las personas de la comunidad. Parecen muy amables. La atmósfera tiene olor a limpio.

Composición 2

○   ○   ○   ○
1   2   3   4

Sí	No	**Cómo responde al tema de la composición**
☐	☐	(1) ¿Hay una idea principal claramente presentada?
☐	☐	(2) ¿La composición desarrolla el tema asignado?

Organización

Sí	No	
☐	☐	(3) ¿Hay una tesis e introducción en el párrafo introductorio?
☐	☐	(4) ¿En todos los párrafos del cuerpo hay una oración temática y detalles relacionados con ella?
☐	☐	(5) ¿El párrafo final vuelve a expresar la tesis y repasa las ideas?
☐	☐	(6) ¿Es fluida la transición entre los párrafos y entre las oraciones?

Desarrollo y detalles

Sí	No	
☐	☐	(7) ¿Los párrafos incluyen detalles específicos y ejemplos que apoyan las oraciones temáticas?
☐	☐	(8) ¿La composición apoya la tesis?
☐	☐	(9) ¿La composición tiene sólo los detalles necesarios?

Convenciones del español escrito

Sí	No	
☐	☐	(10) ¿Están las ideas presentadas en oraciones completas?
☐	☐	(11) ¿Se utilizan oraciones con estructuras diferentes?
☐	☐	(12) ¿Hay concordancia entre los sujetos y los verbos?
☐	☐	(13) ¿Se utilizan los tiempos verbales correctamente?
☐	☐	(14) ¿Se utilizan los signos de puntuación correctamente?
☐	☐	(15) ¿Es correcta la ortografía?
☐	☐	(16) ¿Es correcto el uso de las mayúsculas?

Uso de palabras

Sí	No	
☐	☐	(17) ¿Se utilizan palabras variadas y apropiadas?
☐	☐	(18) ¿Se utilizan palabras de manera precisa?

La gente de ciudad, por años y años estos fundadores se han comenzado a trasladar desde la complicada población y las ciudades ruidosas de Estados Unidos a la vida más lenta y menos ajetreada de los pueblos pequeños. Los ciudadanos hacen bien en desidir vivir una vida más sana con la tranquilidad de los pueblos rurales en grandes bosques llenos de hermosos cantos de pájaros y noches tranquilas. Lejos del ruido de automóbiles y fábricas de humo con basura en la calle accidentes en la calle, delitos situaciones malas con personas freneticadas y sielos negros contaminados con gases que's polulen los árboles de las ciudades y los pájaros y destruye la vida humana lenta pero efetiva mente como veneno danino contaminó lagos y parques con productos químicos y drogas. ¡Con drogas! El primer problema más peligroso de la gran ciudad puede destruir a familias y en venenando a los jóvenes y los adultos también! pero mudarse a un pueblo pequeños tiene pocos problemas porque hay comfórt y comodidad en los restaurants teatros y ir de un lado a otro rápido pero con esta pequeña diferencia los pueblos pequeños es la gran diferencia con los grandes problemas de la ciudad poblado Bienvenidos al bosque.

Composición 3

○   ○   ○   ○
1   2   3   4

Sí	No	**Cómo responde al tema de la composición**
☐	☐	(1) ¿Hay una idea principal claramente presentada?
☐	☐	(2) ¿La composición desarrolla el tema asignado?

Organización

Sí	No	
☐	☐	(3) ¿Hay una tesis e introducción en el párrafo introductorio?
☐	☐	(4) ¿En todos los párrafos del cuerpo hay una oración temática y detalles relacionados con ella?
☐	☐	(5) ¿El párrafo final vuelve a expresar la tesis y repasa las ideas?
☐	☐	(6) ¿Es fluida la transición entre los párrafos y entre las oraciones?

Desarrollo y detalles

Sí	No	
☐	☐	(7) ¿Los párrafos incluyen detalles específicos y ejemplos que apoyan las oraciones temáticas?
☐	☐	(8) ¿La composición apoya la tesis?
☐	☐	(9) ¿La composición tiene sólo los detalles necesarios?

Convenciones del español escrito

Sí	No	
☐	☐	(10) ¿Están las ideas presentadas en oraciones completas?
☐	☐	(11) ¿Se utilizan oraciones con estructuras diferentes?
☐	☐	(12) ¿Hay concordancia entre los sujetos y los verbos?
☐	☐	(13) ¿Se utilizan los tiempos verbales correctamente?
☐	☐	(14) ¿Se utilizan los signos de puntuación correctamente?
☐	☐	(15) ¿Es correcta la ortografía?
☐	☐	(16) ¿Es correcto el uso de las mayúsculas?

Uso de palabras

Sí	No	
☐	☐	(17) ¿Se utilizan palabras variadas y apropiadas?
☐	☐	(18) ¿Se utilizan palabras de manera precisa?

Las personas que viven en la ciudad tiene ciertas ventajas sobre las personas que viven en pueblos pequeños.

A las personas que abren sus propias empresas, casi siempre les va mejor en la gran ciudad que abrir la empresa en el pueblo pequeño. Por ejemplo, ahí la población es mayor de modo que más demanda, más demanda significa una empresa más fuerte Esto también le facilita las cosas un poco a los desempleados una empresa más fuerte necesita más trabajadores.

También las personas que viven en la ciudad la pasan bien porque van a bailar y a comer en lugares de moda, juegan a los bolos, ven películas en el cine, dan vueltas por la ciudad y conocen otras personas y quizás conocen otros amigos, solamente nada más divertirse.

Las personas que viven en los pueblos pequeños llevan una vida buena y sencilla porque eso es donde ellos siempre vivieron e hicieron una buena vida, pero a las ciudads en todo Estados Unidos siempre les irá mejor que a los pueblos pequeños porque cuanto más poder, y dinero, y actividades para los residentes mejor se recuperan en los momentos difíciles.

Composición 4

○   ○   ○   ○
1   2   3   4

Sí **No** **Cómo responde al tema de la composición**

☐   ☐   (1) ¿Hay una idea principal claramente presentada?

☐   ☐   (2) ¿La composición desarrolla el tema asignado?

Organización

☐   ☐   (3) ¿Hay una tesis e introducción en el párrafo introductorio?

☐   ☐   (4) ¿En todos los párrafos del cuerpo hay una oración temática y detalles relacionados con ella?

☐   ☐   (5) ¿El párrafo final vuelve a expresar la tesis y repasa las ideas?

☐   ☐   (6) ¿Es fluida la transición entre los párrafos y entre las oraciones?

Desarrollo y detalles

☐   ☐   (7) ¿Los párrafos incluyen detalles específicos y ejemplos que apoyan las oraciones temáticas?

☐   ☐   (8) ¿La composición apoya la tesis?

☐   ☐   (9) ¿La composición tiene sólo los detalles necesarios?

Convenciones del español escrito

☐   ☐   (10) ¿Están las ideas presentadas en oraciones completas?

☐   ☐   (11) ¿Se utilizan oraciones con estructuras diferentes?

☐   ☐   (12) ¿Hay concordancia entre los sujetos y los verbos?

☐   ☐   (13) ¿Se utilizan los tiempos verbales correctamente?

☐   ☐   (14) ¿Se utilizan los signos de puntuación correctamente?

☐   ☐   (15) ¿Es correcta la ortografía?

☐   ☐   (16) ¿Es correcto el uso de las mayúsculas?

Uso de palabras

☐   ☐   (17) ¿Se utilizan palabras variadas y apropiadas?

☐   ☐   (18) ¿Se utilizan palabras de manera precisa?

A pesar de las ventajas obvias que ofrece la vida de la gran ciudad, prefiero la vida del pueblo pequeño. La vida en los pueblos pequeños es superior debido a la calidad de ~~sus~~ las relaciones que se pueden generar y porque la vida en los pueblos pequeños es menos estresante.

La calidad de las relaciones que se pueden generar en un pueblo pequeño son mucho mejores que las que se tienen en una gran ciudad donde todo es anónimo. En los pueblos pequeños, las personas realmente se pueden conocer bien. Se ayudan entre sí y comparten las alegrías de los demás. Tienen tiempo para dedicarle a los otros. Quienes viven en los pueblos pequeños no necesitan temerle a los desconocidos y pueden confiar en los demás. Pueden confiar en que siempre va a haber alguien que los ayude aunque sean nuevos en el pueblo o no tengan parientes que vivan cerca. Los que viven en los pueblos pequeños tienden a ~~tiene tiempo de~~ expresar el afecto por los otros. Son más abiertos y generosos. Es más fácil llegar a ~~conocer~~ conocer a los demás y que te conozcan en un ambiente rural ~~pequeño~~.

Además, el estilo de vida del pueblo pequeño ~~tiene~~ es mucho menos estresante que el de la gran ciudad. Las personas ~~Se parece~~ parecen estar menos apuradas. No hay multitudes que empujan y presionan. El tránsito no es una pesadilla cotidiana. El delito no abunda tanto. Las drogas no tientan a los niños en cada esquina. Las cosas que crean estrés en la vida del habitante urbano sencillamente no forman parte de la vida de quienes viven en pueblos pequeños.

Gracias a que las relaciones son más sencillas y más fáciles de generar en el pueblo pequeño y el estrés es mucho menos perceptible, la vida en esos pueblos parece superior a la vida en la ciudad. Si ~~tengo~~ tuviera que elegir, elegiría la vida ~~orb~~ rural.

Composición 5

○ ○ ○ ○
1 2 3 4

Sí	No	**Cómo responde al tema de la composición**
☐	☐	(1) ¿Hay una idea principal claramente presentada?
☐	☐	(2) ¿La composición desarrolla el tema asignado?

Organización

☐	☐	(3) ¿Hay una tesis e introducción en el párrafo introductorio?
☐	☐	(4) ¿En todos los párrafos del cuerpo hay una oración temática y detalles relacionados con ella?
☐	☐	(5) ¿El párrafo final vuelve a expresar la tesis y repasa las ideas?
☐	☐	(6) ¿Es fluida la transición entre los párrafos y entre las oraciones?

Desarrollo y detalles

☐	☐	(7) ¿Los párrafos incluyen detalles específicos y ejemplos que apoyan las oraciones temáticas?
☐	☐	(8) ¿La composición apoya la tesis?
☐	☐	(9) ¿La composición tiene sólo los detalles necesarios?

Convenciones del español escrito

☐	☐	(10) ¿Están las ideas presentadas en oraciones completas?
☐	☐	(11) ¿Se utilizan oraciones con estructuras diferentes?
☐	☐	(12) ¿Hay concordancia entre los sujetos y los verbos?
☐	☐	(13) ¿Se utilizan los tiempos verbales correctamente?
☐	☐	(14) ¿Se utilizan los signos de puntuación correctamente?
☐	☐	(15) ¿Es correcta la ortografía?
☐	☐	(16) ¿Es correcto el uso de las mayúsculas?

Uso de palabras

☐	☐	(17) ¿Se utilizan palabras variadas y apropiadas?
☐	☐	(18) ¿Se utilizan palabras de manera precisa?

Prefiero vivir en un pueblo pequeño. La vida rural es más relajada y menos costosa que la vida en una gran ciudad.

El ritmo de vida en un pueblo pequeño es mucho más relajado que ~~la vida~~ vivir en una gran ciudad. En los pueblos pequeños, las personas no están tan apuradas. Tienen tiempo para dedicarle a los demás y a los pequeños placeres de la vida. Como hay menos personas, la cola en el banco, el almacén y el correo es más corta. Las personas no se estresan tanto porque estas actividades cotidianas llevan menos tiempo que en la gran ciudad. No hay congestionamientos de tránsito y las personas no se preocupan porque llegan tarde a una cita. Estas pequeñas cosas contribuyen a que haya menos complicaciones y una atmósfera más relajada.

El costo de vivir en una gran ciudad también es una desventaja. ~~Vivir~~ La vivienda en los pueblos rurales es más barata y la comida cuesta menos. Las escuelas privadas no son tan comunes de modo que la educación no cuesta tanto. Hay menos motivos para tener que vestirse bien y comprar ropa no tiene tanta importancia. Tener lo mismo que el vecino de al lado no es tan importante. Se puede ser uno mismo.

La vida en un pueblo pequeño es más relajada y menos costosa. Prefiero vivir en un pueblo pequeño toda la vida.

Composición 6

○   ○   ○   ○
1   2   3   4

Sí	No	
		Cómo responde al tema de la composición
☐	☐	(1) ¿Hay una idea principal claramente presentada?
☐	☐	(2) ¿La composición desarrolla el tema asignado?
		Organización
☐	☐	(3) ¿Hay una tesis e introducción en el párrafo introductorio?
☐	☐	(4) ¿En todos los párrafos del cuerpo hay una oración temática y detalles relacionados con ella?
☐	☐	(5) ¿El párrafo final vuelve a expresar la tesis y repasa las ideas?
☐	☐	(6) ¿Es fluida la transición entre los párrafos y entre las oraciones?
		Desarrollo y detalles
☐	☐	(7) ¿Los párrafos incluyen detalles específicos y ejemplos que apoyan las oraciones temáticas?
☐	☐	(8) ¿La composición apoya la tesis?
☐	☐	(9) ¿La composición tiene sólo los detalles necesarios?
		Convenciones del español escrito
☐	☐	(10) ¿Están las ideas presentadas en oraciones completas?
☐	☐	(11) ¿Se utilizan oraciones con estructuras diferentes?
☐	☐	(12) ¿Hay concordancia entre los sujetos y los verbos?
☐	☐	(13) ¿Se utilizan los tiempos verbales correctamente?
☐	☐	(14) ¿Se utilizan los signos de puntuación correctamente?
☐	☐	(15) ¿Es correcta la ortografía?
☐	☐	(16) ¿Es correcto el uso de las mayúsculas?
		Uso de palabras
☐	☐	(17) ¿Se utilizan palabras variadas y apropiadas?
☐	☐	(18) ¿Se utilizan palabras de manera precisa?

Dado que no puede llevar una lista de evaluación a la prueba de composición de GED, es una buena idea recordar la mayor cantidad de criterios que pueda. Escriba los criterios que recuerde para los siguientes puntos.

1. Cómo responde al tema de la composición

_____

_____

_____

2. Organización

_____

_____

_____

_____

3. Desarrollo y detalles

_____

_____

_____

4. Convenciones del español escrito

_____

_____

_____

_____

5. Uso de palabras

_____

_____

_____

Las respuestas comienzan en la página 145.

Como sólo tendrá 45 minutos para escribir su composición de GED, dedique unos cinco minutos a evaluarla, si necesita más tiempo para terminar, tómeselo, pero recuerde que necesita practicar el completar la evaluación en cinco minutos.

Consulte el primer borrador que escribió en la página 57 para el siguiente tema. Evalúelo y marque las áreas que pueden mejorarse o corregirse.

TEMA

¿La vida es mejor en la ciudad o en un pueblo pequeño?

Escriba una composición en la que explique su punto de vista sobre el tema. Use sus observaciones personales, su experiencia y sus conocimientos para fundamentar su composición.

Piense en el Paso 4 del programa PODER ·················

Una vez que termine de evaluar la composición sobre el tema propuesto, responda a las siguientes preguntas.

1. ¿Qué puntos de la lista coinciden con las áreas de la composición que usted marcó para corregir o mejorar?

2. ¿Qué criterios, en caso de que hubiera alguno, no le resultan claros en cuanto a cómo debe realizar la evaluación?

3. ¿Qué puede hacer para buscar más información sobre cómo aplicar los criterios a su composición?

 Guarde la evaluación de esta composición. Si lo desea, guárdela en la carpeta de redacción. Volverá a usar este material en la Prueba corta al final de la próxima unidad.

·····································

En la Unidad 5, usted aprenderá a revisar una composición.

Las respuestas comienzan en la página 145.

UNIDAD 5

Revisar

Debe revisar todo lo que escriba, ya sea personal o laboral, para mejorar la claridad y la organización. También es necesario corregir para que la estructura de las oraciones, la gramática, las mayúsculas, la ortografía y la puntuación sean correctas. Luego, puede redactar un segundo borrador en el que incorpore las revisiones que haya hecho.

Usted tendrá 45 minutos para planear, desarrollar y revisar su composición de GED de unas 250 palabras. No tendrá tiempo para escribir un segundo borrador pero debe reservar algún tiempo para repasar el trabajo y hacer cambios. Por eso, revisar es el siguiente paso del proceso de redacción PODER. En esta unidad, usted aprenderá a revisar la presentación de las ideas y mejorar la organización de su composición. También aprenderá a corregir lo que escriba para lograr un uso correcto de la estructura de las oraciones, la gramática, la puntuación y las mayúsculas.

Al revisar lo que escribe, tiene la oportunidad de mejorarlo.

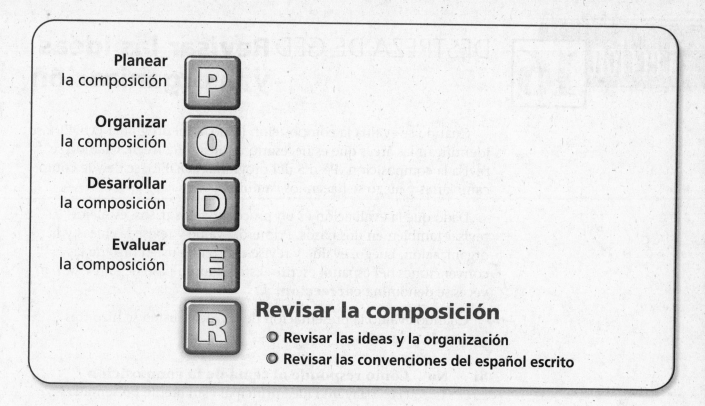

Planear
la composición

Organizar
la composición

Desarrollar
la composición

Evaluar
la composición

Revisar la composición

○ Revisar las ideas y la organización
○ Revisar las convenciones del español escrito

Esta unidad comprende las siguientes lecciones:

Lección 16: **Revisar las ideas y la organización**
Revisar la organización y el desarrollo de las ideas de su
composición le servirá para que tenga solidez y sea efectiva.

Lección 17: **Revisar las convenciones del español escrito**
Además de revisar la composición, es importante corregir
lo que escribe para asegurarse de que las oraciones
estén completas, la gramática, la puntuación y la
ortografía sean correctas y el uso de palabras sea efectivo.

DESTREZA DE GED Revisar las ideas y la organización

Cuando se evalúa la composición (Paso 4 del programa PODER), se identifican las áreas que es necesario reforzar o corregir. Cuando se revisa la composición (Paso 5 del programa PODER), se decide cómo cambiarlas y luego se hacen los cambios.

Dado que la evaluación es un proceso de dos pasos, es mejor revisar también en dos pasos. Primero, evalúe y revise las ideas y la organización. Luego, evalúe y revise el uso que usted hizo de las convenciones del español escrito. Este segundo paso de la revisión a veces se denomina **corrección.**

Cuando evaluó la presentación de las ideas, usted se hizo tres grupos de preguntas:

Sí	No		**Cómo responde al tema de la composición**
☐	☐	(1)	¿Hay una idea principal claramente presentada?
☐	☐	(2)	¿La composición desarrolla el tema asignado?

Organización

☐	☐	(3)	¿Hay una tesis e introducción en el párrafo introductorio?
☐	☐	(4)	¿En todos los párrafos del cuerpo hay una oración temática y detalles relacionados con ella?
☐	☐	(5)	¿El párrafo final vuelve a expresar la tesis y repasa las ideas?
☐	☐	(6)	¿Es fluida la transición entre los párrafos y entre las oraciones?

Desarrollo y detalles

☐	☐	(7)	¿Los párrafos incluyen detalles específicos y ejemplos que apoyan las oraciones temáticas?
☐	☐	(8)	¿La composición apoya la tesis?
☐	☐	(9)	¿La composición tiene sólo los detalles necesarios?

Las respuestas a este cuestionario indican qué partes de la composición necesita revisar. Por ejemplo, si en la pregunta 3 respondió *no*, decida cómo agregar una tesis para el tema de la composición. Cuando agregue oraciones, use marcas de revisión. Si en la pregunta 9 respondió *no*, decida en qué frases u oraciones se tratan cosas que no están relacionadas directamente con el tema y luego elimínelas.

SUGERENCIA

La composición se puede revisar en cualquier momento. Por ejemplo, usted puede corregir una palabra mal escrita o un error de puntuación en cuanto lo vea. Sin embargo, no dedique demasiado tiempo a la corrección hasta que no haya escrito el primer borrador.

Observe cómo una escritora revisó su composición sobre el tema: "Explique si usted considera que es mejor vivir en un solo lugar o mudarse seguido y vivir en distintos lugares".

Observe que la escritora aplicó algunos de los siguientes métodos de revisión:

- Hacer correcciones o agregar ideas entre líneas o al margen.
- Usar el signo de intercalación (^) para indicar dónde debe ir el texto agregado.
- Tachar las palabras o frases que se desea eliminar.
- Volver a escribir las partes ilegibles o demasiado desordenadas.

Idea principal: *Es mejor vivir en distintos lugares que quedarse en uno solo.*

Muchas personas viven toda su vida en un solo lugar y les gusta pero yo prefiero tener la experiencia de vivir en distintos lugares. Vivir en un solo lugar nos da seguridad pero este estilo de vida tiene muchas desventajas. Vivir en lugares nuevos es emocionante y educativo.

A decir verdad, vivir en un lugar durante mucho tiempo ofrece algunas ventajas. Se sabe dónde está todo y la rutina nos da seguridad. Si se necesita ayuda, se puede recurrir a un amigo o un vecino. ^Es fácil cobrar cheques y hacer otras diligencias porque todos se conocen.

Yo creo que estas ventajas pierden importancia ante las desventajas de vivir en un solo lugar. La comodidad de la rutina fácilmente nos puede hacer sentir estancados. Vemos a las mismas personas y hacemos las mismas cosas una y otra vez... ¡y eso es muy aburrido! Finalmente, se ^Nunca surgen ideas nuevas y otras formas de pensar. empieza a tener un concepto limitado de cómo es el mundo.

Mudarse a otra ciudad o a otro pueblo es una aventura. Todo es nuevo. Se tendrán nuevas experiencias habrá nuevas cosas para ver y hacer. Quizás se esté cerca de las montañas o del mar. Se puede aprender a esquiar o a hacer surf. ~~Pero hay que tener en cuenta que las llamadas de larga distancia son caras.~~ Mudarse nos ofrece oportunidades que antes no teníamos. Lo mejor de todo es que se puede conocer a muchas personas y hacer muchos amigos nuevos.

¡Así que anímese! Encuentre un lugar que crea que le va a gustar, haga las valijas y múdese. Decida si la mudanza la va a hacer usted mismo o si contratará a una empresa de mudanzas. Tendrá muchas más experiencias emocionantes que las personas que viven en un solo lugar durante toda su vida.

Cuando la escritora comenzó a evaluar su composición, buscó ideas que no se relacionaban con la idea principal. En el cuarto párrafo encontró una oración que no le pareció apropiada, de modo que la tachó.

Luego se fijó en las ideas que había reunido y organizado en los Pasos 1 y 2 del programa PODER. En el segundo párrafo agregó una oración sobre las ventajas de cobrar cheques. Luego pensó en otro detalle de apoyo y en el tercer párrafo agregó una oración sobre las nuevas ideas que se nos pueden presentar.

Evalúe nuevamente el último párrafo de la composición usando la lista de la página 80. Busque otro cambio que pueda hacerse.

Tiene que haber tachado: *Decida si la mudanza la va a hacer usted mismo o si contratará a una empresa de mudanzas,* porque no se relaciona con el tema del párrafo.

SUGERENCIA

Revise su composición, compárela con su lista de ideas de la etapa de planificación. Eso le servirá para determinar si ha incluido todas sus ideas.

Lea la siguiente composición sobre las ventajas y desventajas de tener un automóvil. Evalúe la presentación de las ideas de la composición y luego revísela. Si es necesario, consulte la lista de la página 80. Haga los cambios directamente en la composición.

Millones de personas tienen un automóvil. A veces les gusta tener uno. Otras veces no les gusta. Como saben todos los que tienen automóviles, las ventajas y desventajas de tener un automóvil son muy claras. Yo tengo uno y mi hermano también.

El automóvil nos ofrece varias ventajas prácticas importantes. Es un medio de transporte cómodo desde el hogar. No hay que preocuparse por el recorrido de los autobuses o por tener que esperarlos. Además, se pueden llevar más cosas que las que se pueden llevar en el autobús.

Otra ventaja más de los automóviles es que es divertido tener uno. Se le puede poner un equipo de sonido para escuchar música. A mí me gusta la música *country*. Ir por la carretera con las ventanillas bajas y escuchando buena música te hacer sentir vivo.

Si bien el automóvil tiene ventajas, también tiene desventajas. Hay que sacar la licencia de conducir. Para sacarla hay que rendir un examen y a veces es difícil aprobarlo. También se necesita un seguro, que cuesta dinero. El mantenimiento y la gasolina también cuestan dinero. A veces hay que dejar el automóvil en el taller para que lo arreglen. Esto cuesta tiempo y dinero.

Aunque tener un automóvil puede costar tiempo y dinero, las ventajas de tenerlo superan estas desventajas. No está mal tomar el autobús. Mi hermano y yo íbamos en autobús a todos lados antes de que compráramos nuestros automóviles. Por su comodidad, por ser divertido y por tener capacidad de carga, no se puede dejar de tener un automóvil.

Las respuestas comienzan en la página 145.

DESTREZA DE GED Revisar las convenciones del español escrito

Después de revisar las ideas y la organización de la composición, debe evaluar el uso de las convenciones del español escrito y de las palabras y, si es necesario, revisar la composición. Para evaluar (Paso 4 del programa PODER), usted se hizo estos dos grupos de preguntas:

Sí	No	Convenciones del español escrito
☐	☐	(10) ¿Están las ideas presentadas en oraciones completas?
☐	☐	(11) ¿Se utilizan oraciones con estructuras diferentes?
☐	☐	(12) ¿Hay concordancia entre los sujetos y los verbos?
☐	☐	(13) ¿Se utilizan los tiempos verbales correctamente?
☐	☐	(14) ¿Se utilizan los signos de puntuación correctamente?
☐	☐	(15) ¿Es correcta la ortografía?
☐	☐	(16) ¿Es correcto el uso de las mayúsculas?

Uso de palabras

☐	☐	(17) ¿Se utilizan palabras variadas y apropiadas?
☐	☐	(18) ¿Se utilizan palabras de manera precisa?

Las respuestas del cuestionario indican qué correcciones debe hacer, por ejemplo, corregir una oración agregando las palabras necesarias y usar un signo de intercalación para indicar dónde deben insertarse. Si las palabras están mal escritas, táchelas y escriba encima la palabra correcta.

Vuelva a leer la composición en la que se compara vivir en un solo lugar y vivir en distintos lugares. La escritora terminó el segundo paso de la revisión y corrigió los errores en las convenciones del español escrito. Los cambios están señalados en color.

Muchas personas viven toda su vida en un solo lugar y les gusta pero yo prefiero tener la experiencia de vivir en distintos lugares. Vivir en un solo lugar nos da seguridad pero este estilo de vida tiene muchas desventajas. Vivir en lugares nuevos es ~~emosionante~~ emocionante y educativo.

A decir verdad, vivir en un lugar durante mucho tiempo ofrece algunas ventajas. Se sabe dónde está todo y la rutina nos da seguridad. Si se necesita ayuda, se puede recurrir a un amigo o un vecino.∧Es fácil cobrar cheques y hacer otras diligencias porque todos se conocen.

Yo creo que estas ventajas pierden importancia ante las desventajas de vivir en un solo lugar. La comodidad de la rutina fácilmente nos puede hacer sentir estancados. Vemos a las mismas personas y hacemos las mismas cosas una y otra vez... ¡y eso es muy aburrido! ~~Finalmente, se~~ Nunca surgen ideas nuevas y otras formas de pensar. *empieza a tener un concepto limitado de cómo es el mundo.*

Mudarse a otra ciudad o a otro pueblo es una aventura. Todo es nuevo. Se tendrán nuevas experiencias. ~~Hh~~abrá nuevas cosas para ver y hacer. Quizás se esté cerca de las montañas o del mar. Se puede aprender a esquiar o a hacer surf. ~~Pero hay que tener en cuenta que las llamadas de larga distancia son caras.~~ Mudarse nos ofrece oportunidades que antes no teníamos. Lo mejor de todo es que se puede conocer a un gran número de ~~muchas~~ *personas y hacer muchos amigos nuevos.*

¡Asíque anímese! Encuentre un lugar que crea que le va a gustar, haga las valijas y múdese. ~~Decida si la mudanza la va a hacer usted mismo o si contratará a una empresa de mudanzas.~~ Tendrá muchas más experiencias emocionantes que las personas que viven en un solo lugar durante toda su vida.

La escritora corrigió una palabra mal escrita en el primer párrafo y una oración seguida en el cuarto párrafo. Luego, se dio cuenta de que en la última oración de ese párrafo podía mejorar el uso de palabras cambiando *muchas* por *un gran número de*.

Consulte la lista de la página 84 para corregir los errores del párrafo final. Si es necesario, revíselo.

Asíque está mal escrito. Usted debió separar las dos palabras para corregir este párrafo: *Así que*.

SUGERENCIA

Asegúrese de aplicar todos los pasos del programa PODER cuando escriba su composición de GED. Puede dedicar más o menos tiempo que el sugerido a cada paso, pero seguir los pasos le ayudará a escribir una mejor composición.

Lea la siguiente composición sobre la popularidad de los restaurantes de comida rápida. Corrija el uso de las convenciones del español escrito. Si lo necesita, consulte la lista de la página 84. Haga los cambios directamente en la composición.

En los últimos años, ha habido un aumento de la cantidad de restaurantes de comida rápida en todo el país. No es difícil entender por qué. El aumento se debe a su conveniencia, los precios y al número cada vez mayor de familias en las que ambos padres trabajan fuera del hogar.

Los restaurantes de comida rápida están ubicados en lugares muy convenientes. Se construyen cerca de las empresas, y al costado de las carreteras. Además, generalmente ofrecen menús rápidos con unos pocos productos se puede decidir rápido y fácilmente lo que se quiere pedir.

Estos restaurantes también ofrecen precios bajos. Las hamburguesas sólo un par de dólares. El bar de ensaladas en general también es accesible. Además, al comer en un restaurante de comida rápida, no se gasta dinero en comprar comida para tener en casa o en gas o electricidad para cocinarla.

Por último, cada ves más familias están compuestas de padres que trabaja. Cuando llegan a casa, los padres están cansados y no quieren cocinar quieren pasar tiempo con sus hijos. Por lo tanto, suben todos al auto y se dirijen al primer restaurante de comida rápida que encuentran.

Es fácil de comprender la popularidad de la comida rápida y el aumento de restaurantes que la ofrecen. Estos restaurantes les ofrecen a las personas que están cansadas y con ambre exactamente lo que quieren.

Las respuestas comienzan en la página 146.

Lea la siguiente composición sobre ganar dinero en la lotería. Evalúe tanto la presentación de las ideas de la composición como el uso de las convenciones del español escrito y luego revísela. Si lo necesita, consulte las listas de las páginas 80 y 84. Haga los cambios directamente en la composición.

Generalmente participo de cualquier concurso o apuesta que surja de modo que he pensado mucho en qué haría si ganara algo importante. Decidí que si ganara la Lotería nacional, primero ayudaría a mi familia y a los necesitados y después saldría a divertirme.

A mi familia le vendría bien una ayuda económica. Me encantaría saldar la deuda de la casa de mis padres para que nunca tengan que hacer un pago más. Hoy en día muy caro financiar una casa. Reservaría algo de dinero para que los hijos de mi hermana vallan a la universidad. Además, les compraría un auto a mi hermano y a su esposa para que no tengan que ir al trabajo en autobús.

También donaría dinero a causas que lo necesite que me parezcan importantes, como la investigación sobre el cáncer y el SIDA.

Usaría el resto del dinero para salir a divertirme a lo grande. Viajaría a lugares a los que nunca fui. Cada vez que entro en una librería veo todos esos libros sobre viajes. No cocinaría nunca más Todos los días comería en un restaurante distinto. Contrataría a una mucama para no tener que limpiar la casa nunca más. Por último, compraría entradas para ver todos los conciertos, eventos deportivos y películas que haya en la ciudad.

Ganar la lotería sería fantástico para mí y para todos los demás. Por eso, voy a seguir jugando a la lotería

Las respuestas comienzan en la página 146.

Unidad 5 Repaso acumulativo **Revisar**

Repase lo que entendió sobre cómo revisar respondiendo a las siguientes preguntas sobre los temas para la composición de GED de muestra.

TEMA

¿La vida es mejor en la ciudad o en un pueblo pequeño?

Escriba una composición en la que explique su punto de vista sobre el tema. Use sus observaciones personales, su experiencia y sus conocimientos para fundamentar su composición.

---

1. Una vez que haya escrito el primer borrador de la composición, ¿cuál es el paso siguiente: evaluar y revisar las ideas de la composición o evaluar y corregir el uso de las convenciones del español escrito? ¿Por qué?

   _____

   _____

   _____

2. ¿Cómo puede hacer cambios a la composición sin volver a escribirla? Mencione al menos tres métodos.

   _____

   _____

   _____

   _____

3. ¿Cómo debe decidir lo que hay que cambiar?

   _____

   _____

   _____

4. ¿Cómo puede determinar si incluyó todas las ideas que quería incluir?

   _____

   _____

   _____

Las respuestas comienzan en la página 146.

Como sólo tendrá 45 minutos para escribir su composición de GED, dedique sólo unos cinco minutos a revisarla. Si necesita más tiempo para terminar, tómeselo, pero recuerde que necesita practicar el completar la revisión en cinco minutos.

Consulte la evaluación del primer borrador de la composición que hizo en la página 77 para el siguiente tema. Siga los pasos que aprendió en esta unidad para revisar la presentación de las ideas de la composición y las convenciones del uso del español escrito.

TEMA

¿La vida es mejor en la ciudad o en un pueblo pequeño?

Escriba una composición en la que explique su punto de vista sobre el tema. Use sus observaciones personales, su experiencia y sus conocimientos para fundamentar su composición.

Piense en el Paso 5 del programa PODER ....

Una vez que termine de revisar la composición sobre el tema propuesto, responda a las siguientes preguntas.

1. ¿Marcó los cambios cuidadosamente para que se puedan leer bien?

2. ¿Fue fácil o difícil decidir qué cambios hacer?

3. Algunas personas escriben una lista de errores que hacen comúnmente. Cuando corrigen, se concentran en esos errores. ¿Cree que este método le servirá a usted?

 Guarde la revisión de la composición. Si lo desea, guárdela en la carpeta de redacción.

Si desea más sugerencias sobre cómo revisar un primer borrador, lea la Unidad 7, "Mejorar la puntuación".

• •

En la Unidad 6, usted aprenderá otros métodos para planear y organizar una composición.

Las respuestas comienzan en la página 146.

UNIDAD 6

Técnicas de planificación

Ahora que ha aprendido los puntos básicos sobre el proceso de redacción PODER, está listo para perfeccionar su enfoque sobre la redacción de una composición. Una clave para lograrlo es encontrar las técnicas de planificación y organización que le resultan mejores. En la Unidad 1, usted practicó hacer listas y mapas de ideas para planear la composición. En la Unidad 2, aprendió métodos para separar las ideas en grupos y rotularlos y luego ampliar los grupos. En esta unidad aprenderá otras técnicas de planificación.

Mientras se prepara para hacer la composición de GED, intente aplicar los distintos enfoques de la planificación. Algunos le resultarán mejores que otros. Decida qué técnica le conviene más y planee usarla en la Prueba de GED. Esto le permitirá planificar sin problemas y le dará tiempo suficiente para hacer los borradores y revisar su composición.

La lluvia de ideas y las preguntas son buenas maneras de reunir ideas.

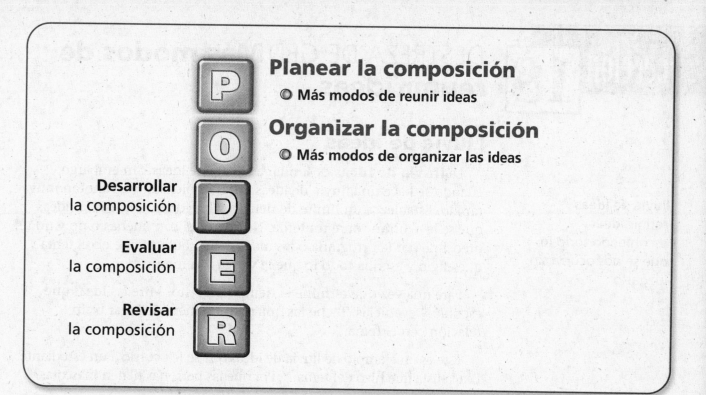

Planear la composición
- Más modos de reunir ideas

Organizar la composición
- Más modos de organizar las ideas

Desarrollar la composición

Evaluar la composición

Revisar la composición

Esta unidad comprende las siguientes lecciones:

Lección 18: **Más modos de reunir ideas**
La lluvia de ideas, hacer preguntas y usar círculos de ideas son otros modos de reunir ideas para la composición.

Lección 19: **Más modos de organizar las ideas**
Una vez que reúne las ideas, debe organizarlas. Un mapa de ideas es una forma visual de mostrar la relación entre las ideas. El esquema también es una herramienta de organización que le permite poner las ideas en orden.

DESTREZA DE GED **Más modos de reunir ideas**

Lluvia de ideas

lluvia de ideas
reunir ideas
escribiendo todo lo
que se nos ocurra sin
juzgarlo

La **lluvia de ideas** es similar a la lista de ideas. Sin embargo, cuando se hace una lluvia de ideas, éstas se piensan y se anotan muy rápido. Establezca un límite de tiempo y luego anote todas las ideas que se le ocurran sobre un tema. No juzgue si son buenas o no y no se preocupe por la ortografía o las mayúsculas. Sólo piense en el tema que eligió y escriba todo lo que le venga a la mente.

Pare una vez que termine el tiempo previsto. Mire las ideas que escribió y evalúelas. Tache las que parecen fuera de lugar o sin relación con el tema.

Éste es un ejemplo de lluvia de ideas que se le ocurrió a un estudiante. Lea la lista que hizo del tema: "¿Por qué las personas tienen mascotas?".

son una compañía

hay muchas clases de mascotas

unos tienen perros, otros gatos

algo para cuidar

querer y ser querido

hay personas muy solas

concursos de mascotas

ganar premios

impresionar

algo propio

se pueden controlar

más fácil que entrenar a niños

buenas para los niños

aprender responsabilidad

aprender sobre la vida y la muerte

sirven para cazar

los sabuesos son buenos observadores de aves

Las ideas son sobre las mascotas, pero muchas no se concentran en las razones por las cuales se tiene una mascota. El escritor necesita evaluar sus ideas y tachar las que no se ajusten al tema.

ENFOQUE EN LAS DESTREZAS DE GED

En una hoja aparte, practique hacer una lluvia de ideas sobre el siguiente tema: "¿De qué maneras se puede ganar dinero?".

a. Dedique cinco minutos a hacer una lluvia de ideas.

b. Haga una lista de todas las ideas que se le ocurran, sin pensar si son buenas o están bien escritas.

c. A los cinco minutos, deje de escribir. Lea la lista y tache las ideas que no tengan relación con el tema.

Las respuestas comienzan en la página 147.

Hacer preguntas

Otra manera de pensar en ideas es haciéndonos preguntas sobre el tema que respondan a *quién, qué, dónde, cuándo, por qué* y *cómo*. En el Paso 2 del programa PODER, usted ya aplicó este método para ampliar los grupos de ideas. También es una buena técnica para usar cuando uno está estancado y no se le ocurren más ideas. Por ejemplo, observe estas ideas sobre el tema: "¿Cómo afecta el clima a las personas?".

¿Quién? A todos les afecta. Grandes y chicos. Hombres y mujeres. A mí también.

¿Qué? Puede afectar las actividades al aire libre. Viajes. Deportes.

¿Dónde? Hay buen tiempo y mal tiempo en todas partes. Algunos lugares casi siempre tienen buen tiempo.

¿Cuándo? Invierno especialmente crudo. Primavera y verano con tormentas eléctricas.

¿Por qué? Porque el clima está en todos lados.

¿Cómo? Estados de ánimo: tristes cuando llueve, bien cuando hace calor y hay sol. Los niños no pueden jugar afuera cuando hay mal tiempo. Gastos por calefacción y aire acondicionado.

No todas las preguntas se relacionan con todos los temas. Por ejemplo, responder a *dónde* cuando se escribe sobre los efectos de ver televisión no tiene sentido porque la televisión está en casi todos lados. De todos modos, con responder a dos o tres preguntas ya se nos empezarán a ocurrir ideas.

SUGERENCIA

Es más probable que se salga del tema cuando hace una lluvia de ideas que cuando piensa detenidamente en una lista de ideas; por lo tanto, dedique más tiempo a decidir qué ideas debe conservar.

ENFOQUE EN LAS DESTREZAS DE GED

Responda en una hoja aparte a las preguntas (*quién, qué, dónde, cuándo, por qué* y *cómo*) sobre el siguiente tema: "¿De qué maneras se puede gastar dinero?".

Las respuestas comienzan en la página 147.

Usar círculos de ideas

Otro modo de obtener ideas es usando un círculo de ideas.

círculo de ideas
un diagrama de círculos concéntricos en el que se muestra cómo se ven afectados por algo grupos de personas cada vez más amplios

Un **círculo de ideas** es un diagrama de círculos concéntricos en el que se muestra cómo se ven afectados por algo grupos de personas cada vez más amplios. En el círculo del centro, escriba cómo se relaciona un tema directamente con usted. En el círculo del medio, piense cómo se relaciona con las personas que lo rodean (su familia, parientes, amigos y compañeros de trabajo) y luego escriba esas ideas. Por último, en el círculo exterior, piense cómo se relaciona el tema con toda la sociedad e incluya esas ideas.

Lea las ideas que escribió un estudiante usando un círculo de ideas sobre el tema: "¿Cómo sería la vida sin la televisión?".

Para mí: Yo probablemente veo demasiada televisión. Me liberaría para hacer otras cosas. Hacer ejercicio. Pasar tiempo con mis hijos y esposa. Hablar con ellos, no estar nada más sentado frente a la pantalla. Conversar de verdad durante la cena. Quizás ir a algún partido de béisbol o fútbol.

Para las personas que conozco: A mi esposa le encanta ver el noticiero. ¿Quizás leería el periódico? Los chicos ahora ven demasiado. Tendrían que jugar más bien. Usar su imaginación.

Para la sociedad: La gente no estaría tanto tiempo encerrada en su casa. Quizás ir al cine, restaurantes. Probablemente mejor para la economía. Incluso quizás sean más amigables. No se sentirían tan distantes. Si están más activos, tendrán mejor salud.

Use el círculo de ideas y las siguientes preguntas para reunir ideas que se relacionen con el siguiente tema: "¿Qué importancia tiene para las personas estar conformes con su trabajo?".

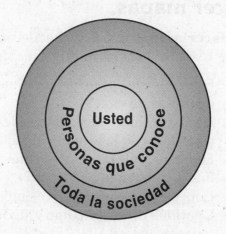

1. ¿Qué importancia tiene para usted estar conforme con su trabajo?

_____

_____

_____

_____

_____

2. ¿Qué importancia tiene para las personas que usted conoce estar conformes con su trabajo?

_____

_____

_____

_____

_____

3. ¿Qué importancia tiene para la sociedad que las personas estén conformes con su trabajo?

_____

_____

_____

_____

_____

Las respuestas comienzan en la página 147.

DESTREZA DE GED **Más modos de organizar las ideas**

Hacer mapas

hacer mapas
un método de redactar ideas para mostrar las relaciones entre ellas

Hacer mapas es una manera visual de mostrar las relaciones entre las ideas. Para hacer un mapa, siga los siguientes pasos:

1. Escriba la idea principal en el medio de una hoja y enciérrela dentro de un círculo.
2. Escriba el rótulo de un grupo de ideas, enciérrelo en un círculo y conéctelo con la idea principal.
3. Enumere las ideas de apoyo que pertenecen a ese grupo sobre líneas que partan del círculo.
4. Conecte los detalles y los ejemplos con las ideas de apoyo.
5. Continúe con el próximo grupo hasta que complete un mapa de todas las ideas.

SUGERENCIA

Un mapa sirve para mostrar cómo los grupos de ideas se relacionan con la idea principal, pero no muestra el orden que seguirán estas ideas en su composición. Después de hacer el mapa, enumere los grupos para mostrar el orden que seleccione.

Después de hacer mapas, le quedará un diagrama como este. Busque la idea principal en el medio y los grupos de apoyo.

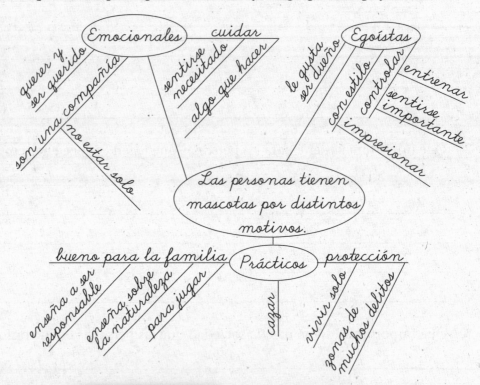

ENFOQUE EN LAS DESTREZAS DE GED

En una hoja aparte, haga un mapa de sus ideas sobre las maneras de ganar dinero. Use las ideas que surgieron de la lluvia de ideas de la página 92. Siga los pasos mencionados arriba. Si prefiere, copie el mapa de ideas en blanco de la página 128.

Las respuestas comienzan en la página 147.

Hacer esquemas

hacer esquemas
crear una lista
ordenada de ideas que
muestra cómo éstas se
relacionan entre sí

Hacer esquemas es un método de organización mediante el cual se hace una lista ordenada para mostrar cómo están relacionadas las ideas. Para hacer esquemas:

1. Enumere los grupos de ideas en números romanos (I, II, III).
2. Use mayúsculas para mencionar las ideas de apoyo.
3. Mencione los detalles y los ejemplos en números arábigos (1, 2, 3).

Éste es un esquema de las ideas del mapa de la página 96.

I. Para satisfacer una necesidad emocional
   A. Como compañía para no estar solo
   B. Querer y ser querido
   C. Algo para cuidar
      1. Te da algo que hacer
      2. Te hace sentir necesitado

II. Por motivos prácticos
   A. Bueno para la familia tener una mascota
      1. Los niños aprenden a ser responsables
      2. Para jugar
      3. Enseña sobre la naturaleza, la vida y la muerte
   B. Como protección
      1. Los que viven solos
      2. Los que viven en zonas de muchos delitos
   C. Para cazar

III. Por motivos egoístas
   A. A algunos simplemente les gusta ser dueños de cosas
   B. Tiene estilo: querer impresionar
   C. Algo para controlar
      1. Se pueden entrenar para que obedezcan
      2. Hace sentirse importante

ENFOQUE EN LAS DESTREZAS DE GED

En una hoja aparte, haga un esquema de sus ideas sobre estar conformes con el trabajo. Use las ideas del círculo de ideas de la página 95.

Las respuestas comienzan en la página 147.

Repase lo que entendió sobre la planificación (reunir ideas y organizarlas). Responda las preguntas sobre la siguiente composición de GED de muestra.

TEMA

¿Por qué la gente sigue las modas pasajeras? ¿Las modas son banales o tienen una función útil?

Escriba una composición para explicar su punto de vista sobre el tema. Use sus observaciones personales, su experiencia y sus conocimientos para fundamentar su composición.

---

1. ¿Cómo haría una lluvia de ideas sobre este tema?

   _____

2. ¿Cuál sería el paso siguiente después de hacer una lluvia de ideas? ¿Por qué?

   _____

   _____

3. ¿Cuáles son las seis preguntas que se puede hacer para reunir ideas sobre un tema?

   _____

4. ¿Cómo usaría un círculo de ideas para reunir ideas sobre el tema?

   _____

   _____

5. ¿Cómo mostraría la idea principal, ideas de apoyo y los detalles en un mapa de ideas del tema?

   _____

   _____

6. ¿Cómo mostraría los rótulos de los grupos de ideas principales, las ideas de apoyo y los detalles y ejemplos en un esquema del tema?

   _____

   _____

Las respuestas comienzan en la página 147.

Como sólo tendrá 45 minutos para escribir su composición de GED, dedique unos diez minutos a planificarla: cinco minutos para reunir ideas y cinco minutos para organizarlas. Si necesita más tiempo para terminar, tómeselo, pero recuerde que necesita practicar cómo planificar su composición en diez minutos.

Recuerde que en este momento usted sólo está reuniendo y organizando las ideas para la composición. En la próxima unidad, continuará trabajando en su composición.

Lea el siguiente tema para la composición. Reúna ideas sobre el tema haciendo una lluvia de ideas, haciendo preguntas o usando un círculo de ideas. Organice las ideas haciendo un mapa o un esquema.

TEMA

¿Por qué la gente sigue las modas pasajeras? ¿Las modas son banales o tienen una función útil?

Escriba una composición para explicar su punto de vista sobre el tema. Use sus observaciones personales, su experiencia y sus conocimientos para fundamentar su composición.

Piense en sus técnicas de planificación ....

Una vez que termine de planear y organizar las ideas, responda las siguientes preguntas.

1. ¿Qué técnica de planificación aplicó? ¿Por qué la eligió?

2. ¿Le resultó fácil o difícil pensar suficientes ideas? Si le resultó difícil, ¿qué técnica le serviría más para usar en la Prueba de GED?

3. ¿Qué técnica de organización aplicó? ¿Por qué la eligió?

4. ¿Fue una buena técnica para este tema? ¿Por qué sí o por qué no? Si no fue una buena técnica, ¿cuál le serviría más para usar en la Prueba de GED?

 Guarde la planificación de la composición. Si lo desea, guárdela en la carpeta de redacción.

Si desea practicar más las técnicas de planificación, lea la Unidad 8, "Repaso del programa PODER" y trabaje con los otros temas de GED que aparecen en las páginas 126 y 127.

• •

En la Unidad 7, usted aprenderá maneras de mejorar la puntuación de su composición.

Las respuestas comienzan en la página 147.

UNIDAD 7

Mejorar la puntuación

A lo largo del libro, usted ha aprendido a poner en práctica el proceso de escritura PODER. Mediante este proceso, ha aprendido a planear, organizar, desarrollar, corregir y revisar una composición para la Prueba de Redacción de GED.

Ahora que ya ha llegado a dominar lo básico, puede empezar a mejorar sus destrezas y también su puntuación. En esta unidad se explican otras técnicas que causarán en los lectores de su composición una impresión positiva de sus destrezas de redacción. Estas técnicas le servirán para conectar ideas en forma lógica, apoyarlas de manera convincente y hacer un uso descriptivo de las palabras.

Busque maneras específicas de mejorar su trabajo.

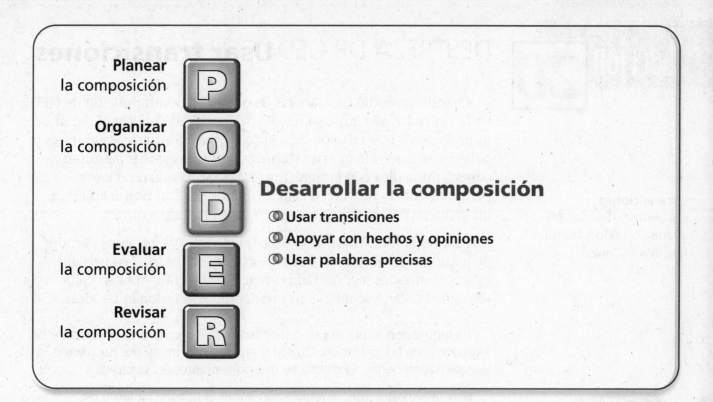

Planear
la composición

Organizar
la composición

Desarrollar la composición
- Usar transiciones
- Apoyar con hechos y opiniones
- Usar palabras precisas

Evaluar
la composición

Revisar
la composición

Esta unidad comprende las siguientes lecciones:

Lección 20:   Usar transiciones
Una buena composición tiene una organización sólida. La relación entre las ideas se puede mostrar con transiciones. Las transiciones sirven para que las ideas fluyan de oración en oración y de párrafo en párrafo.

Lección 21:   Apoyar con hechos y opiniones
La composición se puede fortalecer con ejemplos, detalles y opiniones. Éstas se pueden basar en su experiencia personal o en lo que haya leído o escuchado en fuentes confiables. Su opinión sobre algún tema también le será útil, siempre y cuando pueda apoyarla.

Lección 22:   Usar palabras precisas
Su composición mejorará si expresa las ideas con claridad usando palabras precisas en lugar de términos generales. Las palabras precisas, entre ellas, los verbos de acción y los adjetivos específicos, le dan al lector una imagen mental de sus ideas y así podrá entender mejor lo que usted quiere decir.

Lección 20

DESTREZA DE GED **Usar transiciones**

Cuando aprendió las maneras de organizar la composición de GED en la Unidad 2, vio que una frase o palabra puede indicar el orden de importancia o una relación de comparación y contraste, estas frases o palabras se denominan **transiciones.** Las transiciones permiten conectar una idea con la siguiente, enfatizan la organización y permiten que las ideas sean claras. Cuando se usan transiciones, las ideas fluyen de una oración a otra o de un párrafo a otro.

Para ver la función de las transiciones, vuelva a leer estos párrafos de la Unidad 2 sobre el uso del cinturón de seguridad. Los párrafos están organizados según su importancia. Las transiciones en color señalan el orden y ayudan a mostrar cómo se relacionan las ideas.

transiciones
palabras que hacen una conexión fluida entre las ideas

La legislación sobre el uso del cinturón de seguridad es una fuente de ingresos para las ciudades. Quienes reciben una multa por no llevarlo puesto deben pagar. El dinero se usa para mantener las calles.

Más importante aún, la legislación sobre el uso del cinturón de seguridad mejora la seguridad vial. Ponerse el cinturón de seguridad sirve de recordatorio a las personas para que conduzcan con más cuidado.

Pero la razón principal por la cual la legislación sobre el uso del cinturón de seguridad es acertada es que salva vidas. Hay muchas personas que están vivas gracias al cinturón de seguridad. Otras se salvaron de sufrir heridas graves.

SUGERENCIA

Si se le olvida usar transiciones cuando escriba su composición, puede añadirlas cuando la evalúe y la revise.

Vuelva a leer los siguientes párrafos de la composición de la Unidad 2 sobre los efectos de mirar televisión. Las transiciones en color usan el método de comparar y contrastar para conectar las ideas y mostrar en qué se parecen y en qué se diferencian.

No hay duda de que mirar televisión puede tener efectos positivos. Con los noticieros vespertinos, los adultos se mantienen informados sobre los sucesos cotidianos. Incluso pueden adquirir algunos conocimientos prácticos sobre la salud y otros asuntos personales. Los programas educativos, como *Plaza Sésamo,* enseñan a los niños. Además, los dibujos animados, las comedias y los programas de deportes entretienen a toda la familia e incluso proporcionan distracción.

Por otro lado, mirar televisión también tiene efectos negativos. En lugar de usarla como una distracción temporal, algunas personas miran televisión para ignorar sus problemas. La televisión también ocupa el tiempo que debieran dedicar a su familia o a la lectura. De hecho, algunas personas terminan siendo teleadictas y se vuelven inactivas.

Además, la televisión presenta un sentido equivocado de la vida. Los anuncios hacen que la gente quiera cosas. Ven que en los programas hay mucha violencia y creen que la violencia está en todos lados, o incluso pueden llegar a pensar que manejarse con violencia está bien.

Como puede ver en las composiciones y en la siguiente tabla, se pueden usar diversos tipos de transiciones para unir las ideas.

Para enfatizar y conectar	Use estas transiciones
1. ideas que son distintas (contrastar)	• por un lado, aunque, en cambio, a pesar de, en contraste, sin embargo, pero, si bien, aún, todavía
2. ideas que se parecen (comparar)	• también, además, y
3. ejemplos con ideas afines	• por ejemplo, tal como, como
4. una causa con un efecto (causa y efecto)	• porque, de modo que, dado que, por lo tanto, como resultado
5. las observaciones que quiere hacer	• de hecho, en efecto, además

Lea las siguientes oraciones y subraye las transiciones apropiadas.

Muchas personas miran el canal de compras en la televisión y (en contraste/como resultado), compran cosas que no necesitan. (Además/Por ejemplo), pagan más de lo que cuestan en una tienda común.

En la primera oración, usted dio la respuesta correcta si eligió *como resultado* porque muestra la relación de causa y efecto entre mirar el canal de compras y comprar cosas innecesarias. En la segunda oración, *además* muestra que tanto comprar cosas que no se necesitan como pagar más son efectos negativos de mirar el canal de compras.

ENFOQUE EN LAS DESTREZAS DE GED

Lea los siguientes párrafos y subraye las transiciones que mejor muestran las conexiones entre las ideas.

Tener más tiempo libre puede provocar efectos tanto buenos como malos en la vida de las personas. (Por un lado/Por lo tanto), tener más tiempo libre puede mejorar la calidad de vida de muchas personas. Tendrían más tiempo para dedicarle a sus familias, aprender cosas nuevas, explorar su creatividad y viajar. (Por otro lado/Como resultado), mejorarían las relaciones familiares. (En cambio/Además), la gente practicaría deportes y se dedicaría a sus pasatiempos.

(Por otro lado/Por ejemplo), tener demasiado tiempo libre puede provocar algunos efectos malos. Quienes no tienen mucha imaginación o tienen una baja autoestima no siempre saben qué hacer con el tiempo libre. (De hecho/De modo que), algunos se deprimen o se aburren. (Sin embargo/Además), otros entran en una pandilla o tienen problemas con la policía.

Las respuestas comienzan en la página 147.

DESTREZA DE GED **Apoyar con hechos y opiniones**

En el Paso 3 del programa PODER, usted aprendió a usar detalles y ejemplos para apoyar las oraciones temáticas. Otra buena forma de apoyar su composición es usar hechos y opiniones.

Un **hecho** es un enunciado que se puede probar como verdadero. El hecho se puede verificar en una fuente confiable, como un libro de referencia. En las composiciones de GED, los hechos no tienen que ser una estadística o un nombre o detalle específicos; puede ser un enunciado general sobre el tema que usted sepa que es verdadero.

Una **opinión** es un enunciado sobre lo que se prefiere o se cree. Aunque se puede estar o no de acuerdo con una opinión, no se puede probar como verdadera. Cuando le piden que exprese su opinión en una composición de GED, usted escribe sobre lo que cree y siente. Quizás use palabras que expresan juicios de valor, como *hermoso, mejor, despreciable* o *importante*.

Lea el siguiente párrafo sobre el problema de las drogas ilegales. Aqui se incluyen tres detalles que apoyan la idea principal de que las drogas son un problema grave.

El problema de la droga se convirtió en algo grave. Las personas consumen drogas peligrosas, como la cocaína. También cometen delitos para conseguir dinero para comprarlas. Además, algunas personas se convierten en traficantes de droga por el dinero que pueden ganar.

Ahora lea el párrafo con tres hechos y dos opiniones que se agregaron para apoyar la idea principal. Los hechos agregados están en color y las opiniones están subrayadas.

El problema de la droga se convirtió en algo grave. Las personas consumen drogas peligrosas, como la cocaína. También cometen delitos para conseguir dinero para comprarlas. Con los años, el uso de drogas y los delitos relacionados con su consumo han aumentado. Además, algunas personas se convierten en traficantes de droga por el dinero que pueden ganar. Esta situación es triste y alarmante. Todos los años mueren personas debido a las drogas. Se muexen ya sea por sobredosis o en hechos violentos relacionados con su uso. Este tremendo desperdicio de vidas no tiene sentido y es vergonzoso.

Para pensar en hechos para incluir en su composición, considere lo que escuchó y leyó sobre el tema en los noticieros; en los periódicos, libros y revistas o en otras fuentes confiables. Para pensar opiniones para incluir en su composición, considere lo que usted cree y por qué piensa de esa manera.

hecho
un enunciado que se puede probar como verdadero

opinión
un enunciado sobre lo que se prefiere o se cree

SUGERENCIA

No siempre es necesario comenzar una opinión con "Creo que" o "Pienso que" o "En mi opinión". Tan sólo debe expresar su opinión clara y convincentemente.

Escriba _H_ antes del hecho y _O_ antes de la opinión.

_____ a. Los consumidores de drogas que trabajan como conductores de autobuses y maquinistas de trenes, causan accidentes.

_____ b. El abuso de drogas es el problema social más importante.

Su respuesta es correcta si escribió _H_ antes de la _opción a_ porque las causas de los accidentes se pueden probar. La _opción b_ es una opinión porque es un juicio de valor y se usan las palabras _más importante_.

ENFOQUE EN LAS DESTREZAS DE GED

A. Imagine que está escribiendo una composición sobre la necesidad de tener impuestos. Escriba _H_ antes de los hechos que apoyan ideas esas. Escriba _O_ antes de las opiniones.

_____ 1. Las encuestas muestran que muchos quieren que se modifiquen los impuestos.

_____ 2. Los que creen que los impuestos son muy altos están equivocados.

_____ 3. Los impuestos contribuyen a los programas educativos y sociales.

_____ 4. El uso más importante que se le da al dinero de los impuestos es en las escuelas.

_____ 5. El dinero de los impuestos se usa para mantener las carreteras y puentes en el país.

_____ 6. Miles de personas usan los parques nacionales todos los años.

_____ 7. La belleza de los parques nacionales compensa el dinero que se invierte en ellos.

B. Imagine que está escribiendo una composición sobre las maneras de gastar dinero en entretenimientos. Escriba al menos un hecho y una opinión para cada idea de apoyo.

1. Películas

   Hecho:_____

   Opinión:_____

2. Deportes

   Hecho:_____

   Opinión:_____

3. Pasatiempos

   Hecho:_____

   Opinión:_____

Las respuestas comienzan en la página 147.

DESTREZA DE GED Usar palabras precisas

La **claridad** se refiere a cuán claramente usted presenta sus ideas en la composición. Una buena manera de expresar ideas claramente es usar palabras precisas en lugar de términos generales. Las **palabras precisas** le dan al lector una imagen mental de las ideas que usted quiere transmitir y así podrá entender mejor lo que usted quiere decir. El lenguaje preciso hace que la redacción sea vívida e interesante.

palabras precisas
lenguaje específico y exacto

Para comprender cómo se puede mejorar la claridad de la redacción con algunos cambios de palabras, lea el siguiente párrafo. Observe las palabras generales que están en color.

Cuando va a una entrevista de trabajo, su aspecto le dice algo a su posible empleador. Si tiene buen aspecto, da la impresión de que se toma en serio el trabajo. Si su aspecto es malo, sugiere que no le importa el trabajo. Entonces, vista bien y recuerde que su aspecto habla por usted incluso antes de que comience a hablar.

Ahora lea el párrafo con palabras precisas que reemplazan los términos generales. Las palabras precisas permiten al lector hacerse una idea de lo que quiere decir el escritor.

Cuando llega a una entrevista de trabajo, su aspecto le dice algo a su posible empleador. Si tiene un aspecto limpio y prolijo, da la impresión de que se toma en serio el trabajo. Si su aspecto es descuidado o desarreglado, sugiere que no le importa el trabajo. Entonces, vaya con ropa limpia, planchada y formal y recuerde que su aspecto deja ver algo de usted incluso antes de que pronuncie una palabra.

Si no se le ocurre alguna palabra precisa al escribir, utilice un término general. Reemplácelo con una palabra precisa cuando evalúe y revise la composición.

Para pensar palabras precisas, use las siguientes técnicas:
- Tenga la imagen mental de lo que quiere analizar. Piense en palabras que ilustren lo que ve.
- Hágase preguntas del tipo *¿Qué aspecto tiene? ¿Cómo suena? ¿Qué olor tiene? ¿Qué sensación da? ¿Qué sabor tiene?* Use estas palabras sensoriales en sus descripciones.
- Visualice acciones para hallar verbos bien definidos como *afirmar, dar un paseo* y *estrellarse* en vez de *decir, caminar* y *golpearse*.
- Piense en palabras que haya escuchado en el noticiero, la radio, las películas o en la clase. Piense en palabras que haya leído.

Lea la siguiente oración. Aplique una de las técnicas analizadas anteriormente para reemplazar la palabra subrayada por una más precisa.

La oferta de trabajo hizo que Gisela se sintiera <u>feliz</u>.

Pudo haber sustituido *feliz* por *eufórica* o *dichosa* u otra palabra precisa.

A. Haga una lista de palabras precisas para describir cada ítem. Si necesita ayuda, responda a las preguntas.

1. tráfico de la ciudad (¿Cómo es? ¿Cómo suena? ¿Qué olor tiene? ¿Qué se siente cuando se está en él? ¿Qué acciones tienen lugar en el tráfico? ¿Cómo describiría el tráfico un reportero de televisión?)

   _____   _____

   _____   _____

   _____   _____

2. teléfono (¿Cómo suena? ¿Cómo nos hace sentir usarlo? ¿Qué acciones tienen lugar mientras se usa el teléfono? ¿Cómo se describiría un teléfono en un libro?)

   _____   _____

   _____   _____

   _____   _____

3. dinero (¿Cómo se siente al tacto? ¿Qué aspecto tiene? ¿Cómo nos hace sentir tenerlo? ¿Y no tenerlo? ¿En qué nos puede ayudar? ¿Cómo describen el dinero otras personas?)

   _____   _____

   _____   _____

   _____   _____

4. verano (¿Cómo es? ¿Qué olores, sonidos y sabores lo acompañan? ¿Qué se siente? ¿Qué acciones tienen lugar en el verano? ¿Cómo se lo describe en la radio?)

   _____   _____

   _____   _____

   _____   _____

B. Reemplace las palabras subrayadas por una (o unas) más precisa(s).

1. Escuchar música es lindo. _____

2. Criar a un hijo es difícil. _____

3. El delito es un gran problema. _____

Las respuestas comienzan en la página 148.

Repase lo que entendió sobre las técnicas para mejorar la puntuación respondiendo a las siguientes preguntas sobre los temas para la composición de GED de muestra.

TEMA

¿Por qué la gente sigue las modas pasajeras? ¿Las modas pasajeras son banales o tienen una función útil?

Escriba una composición en la que explique su punto de vista sobre el tema. Use sus observaciones personales, su experiencia y sus conocimientos para fundamentar su composición.

---

1. ¿Para qué sirven las palabras de transición? _____
   _____

2. ¿Qué palabras de transición podría usar en una composición en la que explique los motivos por los cuales las personas siguen las modas pasajeras?
   _____

3. ¿Qué diferencia hay entre un hecho y una opinión? _____
   _____
   _____

4. ¿Cómo puede buscar hechos para la composición sobre las modas pasajeras? _____
   _____
   _____

5. ¿Cómo puede buscar opiniones para la composición sobre las modas pasajeras? _____
   _____

6. ¿Por qué las palabras precisas son mejores que los términos generales? _____
   _____

7. ¿Qué técnicas podría usar para pensar palabras precisas para incluir en la composición sobre las modas pasajeras?
   _____
   _____
   _____

Las respuestas comienzan en la página 148.

Como sólo tendrá 45 minutos para escribir su composición de GED, dedique unos 25 minutos a escribir el primer borrador, 5 minutos a evaluarlo y 5 minutos a revisarlo. Si necesita más tiempo para terminar, tómeselo, pero recuerde que necesita practicar el completar el primer borrador, evaluar y revisar en 35 minutos en total.

Consulte las ideas que organizó en la página 99 para el siguiente tema. En una hoja aparte, escriba un primer borrador de una composición sobre este tema siguiendo los pasos que aprendió en esta unidad.

TEMA

¿Por qué la gente sigue las modas pasajeras? ¿Las modas pasajeras son banales o tienen una función útil?

Escriba una composición en la que explique su punto de vista sobre el tema. Use sus observaciones personales, su experiencia y sus conocimientos para fundamentar su composición.

Piense en modos de mejorar la puntuación ·················

Una vez que termine de desarrollar, evaluar y revisar, responda a las siguientes preguntas.

1. ¿En qué etapa del programa PODER le resulta más fácil insertar transiciones?

2. ¿Fue fácil o difícil pensar hechos y opiniones para apoyar su composición? Si fue difícil, ¿qué le servirá más para usar en la Prueba de GED?

3. ¿Fue fácil o difícil pensar palabras precisas para aclarar la redacción? Si fue difícil, ¿qué técnica le servirá más para usar en la Prueba de GED?

 Puede guardar su trabajo en la carpeta de redacción.

Si desea practicar más cómo aumentar la puntuación, lea la Unidad 8, "Repaso del programa PODER" y trabaje con los otros temas de las páginas 126 y 127.

· ·

Las respuestas comienzan en la página 148.

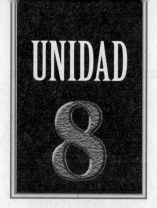
Repaso del programa PODER

Esta unidad le permitirá unir todas las piezas del proceso de redacción PODER y practicar la redacción de una composición de GED efectiva. Revisará cómo leer y analizar el tema sobre el que usted escribirá la composición. Practicará usando la estrategia de planificación que le resulte más útil.

Esta unidad le brindará una variedad de listas para ayudarlo a evaluar y revisar su composición. Tendrá acceso a la guía de puntuación con la que evaluarán su composición en la Prueba de GED. Por último, puede hacer dos pruebas de composición de GED simuladas. Si necesita practicar más, al final de la unidad hay más temas de composición de muestra.

Aplique todo lo que ha aprendido para escribir una composición efectiva.

En esta unidad trabajará sobre:

La composición de cinco párrafos

Una buena manera de responder a un tema de GED es escribir una composición de cinco párrafos que incluya una introducción, un cuerpo y una conclusión.

El proceso de redacción PODER

Este proceso le permite redactar una composición efectiva en cinco pasos principales: planear, organizar, desarrollar, evaluar y revisar.

Planificación

La planificación es otra manera de referirse a las etapas de planeamiento y organización del proceso de redacción PODER.

Desarrollar: Organización, apoyo y claridad

A medida que escriba la composición, mantenga el orden de las ideas, apóyelas con ejemplos y detalles y sea claro y conciso.

Evaluar y revisar

Cuando evalúe la composición, revise cómo respondió al tema, cómo desarrolló, organizó y apoyó las ideas y si su uso de las palabras, la ortografía, la puntuación, la gramática y las mayúsculas es correcto.

Asignar una puntuación a la composición

Puede repasar la guía de puntuación que usarán los evaluadores para asignar una puntuación a su composición de GED.

Su estrategia personal de redacción

Puede adaptar el proceso de redacción PODER según su propio estilo de redacción y sus preferencias.

Prueba simulada A y prueba simulada B

Estas dos pruebas simuladas le permitirán practicar para la composición de GED.

Otros temas para la composición

Nueve temas más le brindan más práctica para redactar una composición.

Planear la composición

Organizar la composición

Desarrollar la composición

Evaluar la composición

Revisar la composición

La composición de cinco párrafos

Recuerde que una buena manera de responder a un tema de GED es escribir una composición de cinco párrafos. Los cinco párrafos forman tres partes bien definidas de la composición; cada parte tiene un objetivo específico.

Introducción
Un párrafo introduce la composición.

> La **tesis** cuenta la idea principal de toda la composición.
> Las **oraciones introductorias** cuentan el enfoque que se tendrá del tema.
> Las **oraciones de antecedentes** se pueden incluir para proporcionar información sobre el tema.

Párrafo del cuerpo 1
La **oración temática** cuenta la idea principal del párrafo.
Las **oraciones de apoyo** brindan detalles, ejemplos, hechos y opiniones sobre la oración temática.

Cuerpo
Tres párrafos desarrollan el tema sustentando la tesis.

Párrafo del cuerpo 2
La **oración temática** cuenta la idea principal del párrafo.
Las **oraciones de apoyo** brindan detalles, ejemplos, hechos y opiniones sobre la oración temática.

Párrafo del cuerpo 3
La **oración temática** cuenta la idea principal del párrafo.
Las **oraciones de apoyo** brindan detalles, ejemplos, hechos y opiniones sobre la oración temática.

Conclusión
Un párrafo resume la composición.

> **Vuelve a plantear** la tesis.
> **Repasa** los puntos de apoyo principales.

El proceso de redacción PODER

Recuerde que para redactar una composición efectiva se deben seguir cinco pasos principales.

Paso 1 **P**lanear la composición
Paso 2 **O**rganizar la composición
Paso 3 **D**esarrollar la composición
Paso 4 **E**valuar la composición
Paso 5 **R**evisar la composición

Cada uno de los cinco pasos incluye pasos más pequeños.

Paso 1   PLANEAR la composición implica:
- Entender la tarea de redacción
- Reunir ideas (aplicando técnicas como hacer listas, hacer mapas, lluvia de ideas o hacer círculos de ideas para reunir ideas)
- Determinar la idea principal

Paso 2   ORGANIZAR la composición implica:
- Agrupar y rotular las ideas (aplicando técnicas como encerrar grupos en círculos y rotularlos, hacer mapas y hacer esquemas)
- Ampliar los grupos
- Ordenar los grupos

Paso 3   DESARROLLAR la composición implica:
- Escribir el párrafo introductorio
- Escribir los párrafos del cuerpo
- Escribir el párrafo final

Paso 4   EVALUAR la composición implica:
- Evaluar las ideas y la organización
- Evaluar el uso de las convenciones del español escrito

Paso 5   REVISAR la composición implica:
- Revisar las ideas y la organización
- Revisar las convenciones del español escrito

SUGERENCIA

Al escribir, utilice los pasos del programa PODER tan frecuentemente como sea posible, de modo que el proceso se vuelva automático. Así, cuando haga la Prueba de redacción, recordará los cinco pasos y podrá seguirlos en orden.

Planificación

La planificación incluye las etapas de **planeamiento** y **organización** del proceso de redacción PODER.

Planear implica basarse en las palabras clave de las instrucciones para comprender sobre qué se tiene que escribir.

planear
- entender la tarea de redacción
- reunir ideas
- determinar la idea principal

Si en las instrucciones dice	Usted debe
explique por qué mencione las razones	escribir sobre las causas o razones
explique los efectos analice las ventajas y desventajas	escribir sobre los efectos
describa	analizar las cualidades de algo
mencione su postura exprese su punto de vista	expresar lo que opina sobre un tema y explicar por qué
analice las semejanzas y diferencias compare y contraste	explicar en qué se parecen y en qué se diferencian las cosas

organizar
- agrupar y rotular las ideas
- ampliar los grupos
- ordenar los grupos

Organizar incluye poner los grupos de ideas en un orden lógico.

Si escribe sobre	Use
causas o razones efectos positivos o negativos las cualidades de algo lo que opina sobre un tema	orden de importancia
efectos positivos y negativos ventajas y desventajas	contrastar
las cualidades de dos cosas	comparar y contrastar

ENFOQUE EN LAS DESTREZAS DE GED

Complete los pasos de planeamiento y organización para la composición del siguiente tema.

"El que busca encuentra". ¿Está de acuerdo o no con este dicho?

Escriba una composición explicando su punto de vista.

Las respuestas comienzan en la página 148.

Desarrollar: Organización, apoyo y claridad

desarrollar

- escribir el párrafo introductorio
- escribir los párrafos del cuerpo
- escribir el párrafo final

Una buena manera de fortalecer la organización y la claridad cuando **desarrolla** la composición es usar transiciones. Éstas muestran la conexión entre las ideas. Las transiciones ubicadas al principio de los párrafos sirven para indicar cómo está organizada la composición.

Si organiza sus ideas según	Use estas transiciones
1. orden de importancia *(Analice por qué cree ...)*	• más importante, el más importante, primero, segundo, por último, mejor, lo mejor
2. comparar *(Explique en qué se parecen ...)*	• como, también, de igual modo, de la misma manera
3. contrastar *(Describa los efectos positivos y negativos ...)*	• por otro lado, en contraste, sin embargo, pero, mientras que, mientras, en lugar de

Use transiciones para conectar y relacionar ideas en un párrafo.

Para enfatizar y conectar	Use estas transiciones
1. ejemplos con ideas afines	• por ejemplo, tal como, como
2. ideas que se parecen	• también, además, y
3. causas y efectos afines	• porque, dado que, por lo tanto, como resultado
4. enfatizar algo	• de hecho, en efecto, además
5. una secuencia de sucesos	• primero, después, luego, finalmente

SUGERENCIA

Deje márgenes amplios en la hoja para poder agregar ideas cuando revise. Deje espacio entre líneas para corregir los errores.

Para apoyar más la composición, incluya hechos y opiniones. Use lo que escuchó y leyó sobre el tema. Use lo que cree y opina del tema.

Para que las ideas le resulten claras al lector, incluya palabras precisas:
- Use palabras relacionadas con los sentidos que describan cómo se sienten las cosas al tacto, cómo suenan, qué olor tienen, qué aspecto tienen o qué sabor tienen.
- Forme una imagen mental de las ideas y describa lo que ve.
- Hágase preguntas que le ayuden a pensar en palabras precisas.

ENFOQUE EN LAS DESTREZAS DE GED

Escriba la composición que planeó y organizó en la sección Enfoque en las destrezas de GED de la página 114.

Las respuestas comienzan en la página 148.

Evaluar y revisar

Cuando **evalúe** y **revise** la presentación de las ideas de su composición, primero considere estas tres áreas: la respuesta al tema, la organización y el desarrollo y los detalles, luego considere el uso de las convenciones del español escrito y el uso de palabras.

evaluar

- evaluar las ideas y la organización
- evaluar el uso de las convenciones del español escrito

revisar

- revisar las ideas y la organización
- revisar las convenciones del español escrito

Sí	No	**Cómo responde al tema de la composición**
☐	☐	(1) ¿Hay una idea principal claramente presentada?
☐	☐	(2) ¿La composición desarrolla el tema asignado?

Organización

☐	☐	(3) ¿Hay una tesis e introducción en el párrafo introductorio?
☐	☐	(4) ¿En todos los párrafos del cuerpo hay una oración temática y detalles relacionados con ella?
☐	☐	(5) ¿El párrafo final vuelve a expresar la tesis y repasa las ideas?
☐	☐	(6) ¿Es fluida la transición entre los párrafos y entre las oraciones?

Desarrollo y detalles

☐	☐	(7) ¿Los párrafos incluyen detalles específicos y ejemplos que apoyan las oraciones temáticas?
☐	☐	(8) ¿La composición apoya la tesis?
☐	☐	(9) ¿La composición tiene sólo los detalles necesarios?

Convenciones del español escrito

☐	☐	(10) ¿Están las ideas presentadas en oraciones completas?
☐	☐	(11) ¿Se utilizan oraciones con estructuras diferentes?
☐	☐	(12) ¿Hay concordancia entre los sujetos y los verbos?
☐	☐	(13) ¿Se utilizan los tiempos verbales correctamente?
☐	☐	(14) ¿Se utilizan los signos de puntuación correctamente?
☐	☐	(15) ¿Es correcta la ortografía?
☐	☐	(16) ¿Es correcto el uso de las mayúsculas?

Uso de palabras

☐	☐	(17) ¿Se utilizan palabras variadas y apropiadas?
☐	☐	(18) ¿Se utilizan palabras de manera precisa?

ENFOQUE EN LAS DESTREZAS DE GED

Evalúe y revise la composición que escribió en la sección Enfoque en las destrezas de GED de la página 115. Luego revise la Guía de puntuación para composiciones de GED de la página 117. Lea y asigne una puntuación a la composición que evaluó y revisó en esta sección.

Las respuestas comienzan en la página 148.

Guía de puntuación para composiciones de GED

	1 Inadecuado	2 Marginal	3 Adecuado	4 Eficaz
	El lector tiene dificultad en captar o seguir las ideas del escritor.	El lector tiene dificultad para comprender o seguir las ideas del escritor.	El lector comprende las ideas del escritor.	El lector comprende y sigue con facilidad la expresión de ideas del escritor.
Cómo responde al tema de la composición	Intenta responder al tema pero apenas logra o no logra establecer un enfoque claro.	Responde al tema, aunque puede cambiar el enfoque.	Usa el tema de la composición para establecer una idea principal.	Presenta con claridad una idea principal que responde al tema.
Organización	No logra organizar sus ideas.	Demuestra cierta evidencia de un plan organizacional.	Usa un plan organizacional discernible.	Establece una organización clara y lógica.
Desarrollo y detalles	Demuestra muy poco o nada de desarrollo; le suelen faltar detalles o ejemplos, o presenta información irrelevante.	Tiene cierto desarrollo pero carece de detalles específicos; puede limitarse a una lista, repeticiones o generalizaciones.	Desarrolla el tema pero ocasionalmente es irregular; incorpora algún detalle específico.	Logra un desarrollo coherente con detalles y ejemplos específicos y pertinentes.
Convenciones del español escrito	Exhibe un dominio mínimo o nulo de la estructura oracional y de las convenciones del español escrito.	Puede demostrar un dominio inconsistente de la estructura oracional y de las convenciones del español escrito.	Generalmente domina la estructura oracional y las convenciones del español escrito.	Domina con constancia la estructura gramatical y las convenciones del español escrito.
Uso de palabras	Usa palabras imprecisas o inadecuadas.	Usa una gama limitada de palabras, incluyendo a menudo algunas inadecuadas.	Usa una gama de palabras apropiadas.	Usa una gama de palabras variadas y precisas.

Adaptado con el permiso del American Council on Education.

Su estrategia personal de redacción

Usted ha aprendido varias técnicas para aplicar el proceso de redacción PODER. Se presentan distintas técnicas porque todos los escritores son distintos. Para escribir la mejor composición de GED, necesita determinar las técnicas que le resultan más útiles. Luego puede crear su propia estrategia de redacción para alcanzar una puntuación alta en la composición de GED.

A medida que responda a las siguientes preguntas, use las respuestas que dio a las preguntas que estaban al final de las pruebas cortas de este libro. Le servirán para decidir cuál es la mejor estrategia para usted en cada paso del proceso.

Reunir ideas

¿Cuál de las siguientes técnicas le resultó más útil para reunir ideas? ¿Cuál le pareció más útil en segundo lugar? Numere las técnicas a continuación con 1 y 2. Luego escriba las opciones que eligió en la tabla de la página 120.

_____ hacer una lista

_____ dibujar un mapa de ideas

_____ lluvia de ideas

_____ hacer preguntas

_____ usar círculos de ideas

Organizar las ideas

¿Cuál de las siguientes técnicas le sirvió más para agrupar y ordenar las ideas? Anótela en la tabla de la página 120.

_____ encerrar en círculos grupos de la lista y rotularlos

_____ volver a escribir las ideas en listas; rotular las listas

_____ hacer un mapa de ideas

_____ hacer esquemas

Desarrollar

¿Cuáles de las siguientes sugerencias le cuesta más recordar? Escríbalas en la tabla de la página 120.

_____ seguir el plan de organización que armó

_____ agregar más ideas a las primeras que escriba

_____ escribir en forma prolija y legible

_____ dejar espacio entre líneas y en el margen para las correcciones

Evaluar y revisar

¿A cuál de estas áreas le debe prestar atención cuando evalúa y revisa? Marque las que quiere recordar. Anótelas en la tabla de la página 120.

Presentación de ideas

_____ plantear claramente la tesis en el párrafo introductorio

_____ escribir oraciones introductorias en el párrafo introductorio

_____ no desviarse del tema

_____ escribir oraciones temáticas en cada párrafo del cuerpo

_____ incluir detalles, ejemplos, hechos y opiniones como apoyo

_____ expresar las ideas claramente con palabras precisas y transiciones

_____ volver a plantear el tema en el párrafo final

_____ repasar las ideas en el párrafo final

Convenciones del español escrito

_____ utilizar correctamente la estructura de las oraciones

_____ utilizar oraciones con estructuras diferentes

_____ asegurarse de que haya concordancia entre los sujetos y los verbos

_____ asegurarse de que los tiempos verbales estén usados correctamente

_____ verificar los signos de puntuación

_____ verificar la ortografía

_____ verificar el uso de las mayúsculas

_____ verificar el uso de palabras

Usar su tiempo

Cada uno de los cinco pasos del programa PODER lleva una cierta cantidad de tiempo. En la siguiente tabla se sugiere la cantidad de tiempo apropiada para cada paso:

Planear:	5 minutos	
Organizar:	5 minutos	
Desarrollar:	25 minutos	45 minutos en total
Evaluar:	5 minutos	
Revisar:	5 minutos	

Sin embargo, el esquema de tiempo que le sirva a usted puede ser distinto. Quizás necesite menos tiempo para reunir ideas, pero más tiempo para organizarlas. O puede necesitar menos tiempo para desarrollar la composición y más tiempo para revisarla. Escriba en la tabla de la página 120 el tiempo que cree que necesita para llevar a cabo cada paso del proceso de redacción.

Mi estrategia de redacción	Tiempo
Planear La técnica que usaré para reunir ideas es _____ _____. Si tengo problemas para pensar ideas, también intentaré _____ _____.	_____ min.
Organizar La técnica que usaré para agrupar y ordenar las ideas es _____ _____ _____ _____.	_____ min.
Desarrollar Seguiré el plan de organización para escribir un párrafo introductorio, tres párrafos del cuerpo y un párrafo final. Cuando escriba, me aseguraré de _____ _____ _____.	_____ min.
Evaluar y revisar la presentación de ideas Prestaré especial atención a las siguientes áreas cuando evalúe y revise: _____ _____ _____	_____ min.
Evaluar y revisar las convenciones del español escrito Prestaré especial atención a las siguientes áreas cuando evalúe y revise: _____ _____ _____	_____ min. **Total 45 minutos**

Ponga a prueba su estrategia para la redacción de la composición. Escriba una composición sobre el siguiente tema siguiendo los pasos del programa PODER y su estrategia de redacción. Use una copia de la hoja de respuestas de las páginas 156 y 157 o una hoja suya. Tome el tiempo que le lleva realizar cada paso. No trabaje más de 45 minutos.

TEMA

¿Por qué algunas personas prefieren mirar televisión en lugar de leer libros, periódicos y revistas?

Escriba una composición en la que explique sus razones. Use sus observaciones personales, su experiencia y sus conocimientos para fundamentar su composición.

Luego de escribir la composición, verifique la estrategia de redacción. Cambie las técnicas o áreas conflictivas que le parezcan.

Verifique el tiempo que asignó a cada paso en la estrategia. Decida si logró hacer todo lo que necesitaba hacer en el tiempo establecido. Si no lo logró, vuelva a asignar los tiempos en su estrategia de redacción.

Las respuestas comienzan en la página 149.

LENGUAJE Y
REDACCIÓN, PARTE II

Tema e instrucciones para la composición

En el recuadro de la página 123 aparece el tema que se le ha asignado para la composición y la letra que designa a ese tema.

Escriba su composición SOLAMENTE sobre el tema asignado.

En el espacio correspondiente en su hoja de respuestas, marque la letra del tema asignado. Asegúrese de completar el resto de la información que se le solicita.

Tiene 45 minutos para redactar su composición sobre el tema que se le ha asignado. Si le sobra tiempo después de haber terminado la composición, puede volver a la sección de preguntas de selección múltiple. No entregue el folleto de la Prueba de redacción hasta que haya terminado la Parte I y la Parte II.

Dos personas evaluarán su composición de acuerdo a la efectividad general de su redacción. La evaluación tomará en cuenta los siguientes puntos:

- enfoque de las ideas principales;
- claridad de la organización;
- desarrollo específico de las ideas;
- control de la estructura de las oraciones, puntuación, gramática, vocabulario y ortografía.

RECUERDE QUE DEBE TERMINAR TANTO LA SECCIÓN DE PREGUNTAS DE SELECCIÓN MÚLTIPLE (PARTE I) COMO LA COMPOSICIÓN (PARTE II) PARA QUE SU PRUEBA DE REDACCIÓN SEA CALIFICADA. A fin de no tener que repetir las dos secciones de la prueba, asegúrese de seguir las reglas siguientes:

- No deje hojas en blanco.
- Escriba de manera legible usando <u>tinta</u> para evitar problemas en la evaluación.
- Escriba sobre el tema que se le ha asignado, si no lo hace, su Prueba de Redacción no será calificada.
- Escriba la composición en las hojas con líneas del folleto de respuestas de las páginas 156 y 157. Sólo se calificará lo que esté escrito en esas líneas.

Adaptado con el permiso del *American Council on Education.*

La Parte II es una prueba para determinar la forma en que usted utiliza el idioma escrito para explicar sus ideas.

Al preparar su composición, siga los siguientes pasos:

- Lea las **INSTRUCCIONES** y el **TEMA** cuidadosamente.

- Haga un plan antes de empezar a redactar. Use el papel de borrador para hacer apuntes. Éstos apuntes se deben entregar, pero no se calificarán.

- Antes de entregar la composición, léala con cuidado y haga los cambios que crea que la pueden mejorar.

Su composición debe ser lo suficientemente larga como para desarrollar el tema adecuadamente.

Las respuestas comienzan en la página 149.

LENGUAJE Y
REDACCIÓN, PARTE II

Tema e instrucciones para la composición

En el recuadro de la página 125 aparece el tema que se le ha asignado para la composición y la letra que designa a ese tema.

Escriba su composición SOLAMENTE sobre el tema asignado.

En el espacio correspondiente en su hoja de respuestas, marque la letra del tema asignado. Asegúrese de completar el resto de la información que se le solicita.

Tiene 45 minutos para redactar su composición sobre el tema que se le ha asignado. Si le sobra tiempo después de haber terminado la composición, puede volver a la sección de preguntas de selección múltiple. No entregue el folleto de la Prueba de redacción hasta que haya terminado la Parte I y la Parte II.

Dos personas evaluarán su composición de acuerdo a la efectividad general de su redacción. La evaluación tomará en cuenta los siguientes puntos:

- enfoque de las ideas principales;
- claridad de la organización;
- desarrollo específico de las ideas;
- control de la estructura de las oraciones, puntuación, gramática, vocabulario y ortografía.

RECUERDE QUE DEBE TERMINAR TANTO LA SECCIÓN DE PREGUNTAS DE SELECCIÓN MÚLTIPLE (PARTE I) COMO LA COMPOSICIÓN (PARTE II) PARA QUE SU PRUEBA DE REDACCIÓN SEA CALIFICADA. A fin de no tener que repetir las dos secciones de la prueba, asegúrese de seguir las reglas siguientes:

- No deje hojas en blanco.
- Escriba de manera legible usando tinta para evitar problemas en la evaluación.
- Escriba sobre el tema que se le ha asignado, si no lo hace, su Prueba de Redacción no será calificada.
- Escriba la composición en las hojas con líneas del folleto de respuestas de las páginas 156 y 157. Sólo se calificará lo que esté escrito en esas líneas.

Adaptado con el permiso del *American Council on Education*.

TEMA B

¿Por qué a tantos personas les gusta mirar deportes?

Escriba una composición explicando las razones. Use sus observaciones personales, su experiencia y sus conocimientos para fundamentar su composición.

La Parte II es una prueba para determinar la forma en que usted utiliza el idioma escrito para explicar sus ideas.

Al preparar su composición, siga los siguientes pasos:

- Lea las **INSTRUCCIONES** y el **TEMA** cuidadosamente.

- Haga un plan antes de empezar a redactar. Use el papel de borrador para hacer apuntes. Estos apuntes se deben entregar, pero no se calificarán.

- Antes de entregar la composición, léala con cuidado y haga los cambios que crea que la pueden mejorar.

Su composición debe ser lo suficientemente larga como para desarrollar el tema adecuadamente.

Adaptado con el permiso del *American Council on Education*.

Las respuestas comienzan en la página 149.

Otros temas para la composición

Use estos temas para adquirir más experiencia en la redacción de composiciones de GED. Use su propia estrategia para preparar la prueba siguiendo los pasos del programa PODER. Escriba cada composición en menos de 45 minutos.

TEMA 1

Describa de qué manera las computadoras han afectado nuestras vidas.

Escriba una composición en la que analice los efectos positivos, los efectos negativos o ambos.

TEMA 2

¿De qué maneras se puede ahorrar dinero?

Escriba una composición en la que aconseje cómo hacer alcanzar los ingresos. Puede sugerir lo que se debe hacer y lo que no se debe hacer.

TEMA 3

¿Cómo influyen la música y la cultura populares en los jóvenes de nuestra sociedad?

Escriba una composición en la que describa la influencia de la música popular sobre los jóvenes. Puede hablar de los efectos positivos, los efectos negativos o ambos.

TEMA 4

Compare y contraste la persona que es hoy con la persona que era hace cinco o diez años.

Escriba una composición en la que explique cómo cambió.

TEMA 5

¿De qué manera influyen en las personas los anuncios que se ven constantemente en revistas, periódicos y la televisión y que se escuchan en la radio?

Escriba una composición en la que explique los efectos de la publicidad sobre el público consumidor.

TEMA 6

¿Por qué las personas continúan haciendo cosas que les hacen mal, aun cuando hay pruebas concretas de que esas actividades son dañinas?

Escriba una composición en la que mencione las razones para este comportamiento.

TEMA 7

¿De qué manera le gustaría mejorar su vida?

Escriba una composición en la que describa qué cambiaría. Explique las razones de su elección.

TEMA 8

¿Qué cosas se deben considerar cuando se elige un trabajo, además del tipo de tareas que se deberán realizar?

Escriba una composición en la que describa los factores que influyen en el momento de elegir un trabajo. Explique esos factores.

TEMA 9

¿Por qué las personas compran tantos billetes de lotería, aunque tienen muy pocas posibilidades de ganar?

Explique las razones por las que se venden tantos billetes.

Las respuestas comienzan en la página 149.

Mapa de ideas

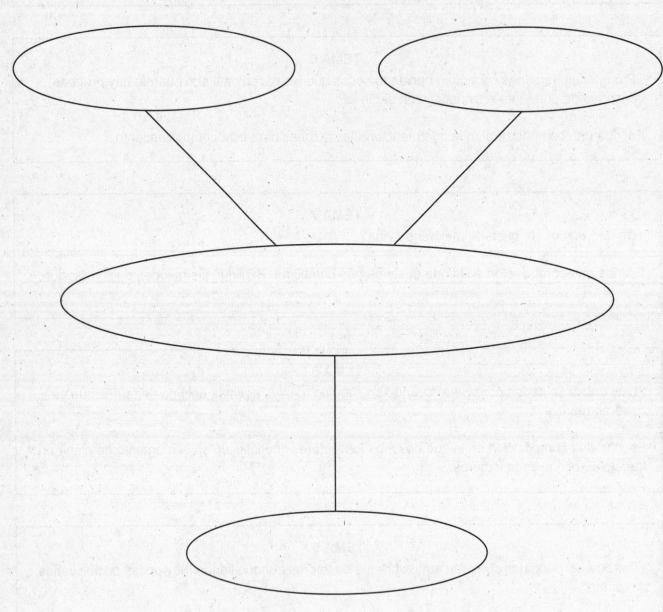

Lista de evaluación

Sí	No	**Cómo responde al tema de la composición**
☐	☐	(1) ¿Hay una idea principal claramente presentada?
☐	☐	(2) ¿La composición desarrolla el tema asignado?

Organización

Sí	No	
☐	☐	(3) ¿Hay una tesis e introducción en el párrafo introductorio?
☐	☐	(4) ¿En todos los párrafos del cuerpo hay una oración temática y detalles relacionados con ella?
☐	☐	(5) ¿El párrafo final vuelve a expresar la tesis y repasa las ideas?
☐	☐	(6) ¿Es fluida la transición entre los párrafos y entre las oraciones?

Desarrollo y detalles

Sí	No	
☐	☐	(7) ¿Los párrafos incluyen detalles específicos y ejemplos que apoyan las oraciones temáticas?
☐	☐	(8) ¿La composición apoya la tesis?
☐	☐	(9) ¿La composición tiene sólo los detalles necesarios?

Convenciones del español escrito

Sí	No	
☐	☐	(10) ¿Están las ideas presentadas en oraciones completas?
☐	☐	(11) ¿Se utilizan oraciones con estructuras diferentes?
☐	☐	(12) ¿Hay concordancia entre los sujetos y los verbos?
☐	☐	(13) ¿Se utilizan los tiempos verbales correctamente?
☐	☐	(14) ¿Se utilizan los signos de puntuación correctamente?
☐	☐	(15) ¿Es correcta la ortografía?
☐	☐	(16) ¿Es correcto el uso de las mayúsculas?

Uso de palabras

Sí	No	
☐	☐	(17) ¿Se utilizan palabras variadas y apropiadas?
☐	☐	(18) ¿Se utilizan las palabras de manera precisa?

Métodos de revisión

- Tachar las palabras o frases que desea eliminar.
- Escribir correcciones o ideas nuevas entre líneas o al margen.
- Usar el signo de intercalación (^) para indicar dónde va el texto agregado.
- Volver a escribir las partes ilegibles o demasiado confusas.

Estructura de las oraciones

Diferentes estructuras

Existen tres tipos distintos de oraciones: las simples, las compuestas y las complejas. Utilice oraciones con estructuras diferentes para que su redacción sea más interesante.

Una **oración simple** tiene un sujeto y un verbo, y expresa una idea completa. Es una **oración independiente.** En español, el sujeto puede ser explícito o implícito. En los siguientes ejemplos, el sujeto está subrayado con una sola línea y el verbo, con dos.

Los vecinos dieron una fiesta. (sujeto explícito) Bailamos toda la noche. (sujeto implícito)

Una **oración compuesta** está formada por dos oraciones simples, u oraciones independientes, unidas por un conector o punto y coma. El conector determina la relación entre las dos oraciones. Puede ser una conjunción coordinante o un adverbio conjuntivo.

Conjunción coordinante
Simples: Juan miró su reloj. Recordó que tenía una cita a las 10.
Compuesta: Juan miró su reloj y recordó que tenía una cita a las 10.

Adverbio conjuntivo
Simples: Juan llegó tarde. Inés no estaba enojada.
Compuesta: Juan llegó tarde; sin embargo, Inés no estaba enojada.

Punto y coma
Simples: Los jóvenes trabajan muchas horas al día. No les queda tiempo para estudiar.
Compuesta: Los jóvenes trabajan muchas horas al día; no les queda tiempo para estudiar.

Una **oración compleja** se forma al unir una oración independiente con una oración dependiente, o subordinada. La oración subordinada tiene sujeto y verbo, pero no expresa una idea completa. En una oración compleja, la oración subordinada agrega detalles a la oración independiente principal.

Oración subordinada: Porque necesita dinero para pagar sus clases de música.
Oración compleja: Daniel está buscando trabajo porque necesita dinero para pagar sus clases de música.

Otro modo de hacer que su redacción sea más interesante es combinar detalles de oraciones distintas en una sola oración.

Separadas: Daniel toca la guitarra. También toca la viola. Hace poco comenzó a practicar violín.
Combinada: Daniel toca la guitarra, la viola y el violín.

A. Combine cada par de oraciones de dos formas distintas. Utilice tanto oraciones complejas como oraciones compuestas.

1. Muchas personas andan en bicicleta. Es una alternativa barata al automóvil que además ahorra energía.

    a. _____

    b. _____

2. Andar en bicicleta es un buen ejercicio. Algunas personas comienzan a andar en bicicleta para bajar de peso.

    a. _____

    b. _____

3. En Holanda, muchas calles tienen carriles para bicicletas. En Estados Unidos, los carriles para bicicletas no son tan comunes.

    a. _____

    b. _____

4. Los niños aprenden primero a andar en triciclo. Quizás anden en bicicleta con ruedas de entrenamiento.

    a. _____

    b. _____

B. Vuelva a escribir el siguiente párrafo combinando las oraciones. Use tanto oraciones compuestas como oraciones complejas.

Hoy en día, pocas personas recorren el país en tren. Antes era un medio de transporte común. Un viaje de Chicago a Seattle lleva dos días y medio. Vale la pena hacerlo. Durante el viaje, se cruzan varias cordilleras. También se pasa por pueblos muy pintorescos. No se puede dormir mucho. Hay que estar sentado todo el tiempo. Se puede viajar en coche dormitorio. Hay muchas personas interesantes con las que se puede conversar. Uno se olvida del cansancio.

_____

_____

_____

_____

_____

_____

_____

Las respuestas comienzan en la página 149.

Fragmentos y oraciones seguidas

Los fragmentos de oraciones y las oraciones seguidas son errores en la estructura de la oración. Un **fragmento** no expresa una idea completa. Para solucionar este tipo de error, agregue palabras que completen la idea.

Fragmento:	La película que se exhibe en el Odeón.
Oración:	La película que se exhibe en el Odeón recibió muy buenas críticas.

Una **oración seguida** combina dos ideas completas con el signo de puntuación incorrecto o sin utilizar un conector. Para solucionar este tipo de error, agregue los signos de puntuación y/o el conector que corresponda.

Oración seguida:	Anoche vimos una vieja película con Robert Redford era excelente.
Oración seguida:	Anoche vimos una vieja película con Robert Redford, era excelente.
Oración correcta:	Anoche vimos una vieja película con Robert Redford; era excelente.
Oración correcta:	Anoche vimos una vieja película con Robert Redford que era excelente.

ENFOQUE EN LAS DESTREZAS DE GED

Corrija los fragmentos y las oraciones seguidas que aparecen a continuación agregando palabras o los signos de puntuación apropiados. Hay más de una manera de solucionar los errores.

1. Dejar el hábito de fumar.

_____

2. Después de la final de la Copa del Mundo.

_____

3. Vivimos aquí nos gusta el tiempo cálido.

_____

4. Algunas personas tienen muchas mascotas otras no tienen ninguna.

_____

5. Me esforcé en mi trabajo no recibí un aumento.

_____

Las respuestas comienzan en la página 149.

Uso

Concordancia entre el sujeto y el verbo

El sujeto y el verbo de una oración deben coincidir en número (singular o plural) y persona (primera, segunda o tercera). Esto se llama **concordancia entre el sujeto y el verbo.** Verifique que el sujeto y el verbo combinen. El sujeto puede estar implícito.

Tercera persona singular: La niña juega básquetbol en la escuela.

Tercera persona plural: Las niñas juegan básquetbol en la escuela.

Sujeto compuesto: El entrenador y la profesora de educación física trabajan con ellas para que mejoren.

Si en el sujeto hay personas gramaticales distintas, el verbo debe ir en plural y concordar con la primera persona o con la segunda.

Personas gramaticales distintas: Los niños y yo fuimos al entrenamiento.

ENFOQUE EN LAS DESTREZAS DE GED

A. Subraye la forma correcta del verbo en cada oración.

1. El básquetbol, que atrae a millones de fanáticos, (es, son) uno de los deportes más populares.

2. Los niños (comienza, comienzan) a jugar básquetbol con sus amigos en el patio de la escuela.

3. Casi todas las escuelas (tienes, tienen) una cancha de básquetbol.

4. Los jugadores de básquetbol (competimos, compiten) en las Olimpíadas.

5. En cada equipo de básquetbol (juega, juegan) cinco jugadores.

6. Los jugadores, para que el otro equipo no tome la pelota, la (pasa, pasan) a sus compañeros.

7. Un árbitro, dos cronometristas, dos apuntadores y un juez (es, son) las autoridades del partido.

B. Corrija los errores de concordancia en el siguiente párrafo. Tache los verbos incorrectos y escriba los correctos arriba. Hay tres errores.

El básquetbol no son sólo para las personas físicamente aptas. Las personas con impedimentos físicos también lo juegan en canchas de todo el país. Para que puedan practicar el deporte, es necesario hacer algunas adaptaciones. Los jugadores parcialmente ciegos, por ejemplo, utilizas pelotas grandes con rayas o colores brillantes. Quienes tienen un impedimento visual mayor, juega con pelotas que tienen cascabeles adentro.

Las respuestas comienzan en la página 149.

Tiempos verbales

Los verbos cambian para expresar diferentes tiempos: presente, pasado o futuro. Estos tiempos son los **tiempos verbales.**

Presente:	Algunas personas viajan muy a menudo.
Pasado:	El año pasado viajamos a México.
Futuro:	El año que viene viajaremos a Canadá.
Antepresente:	En los últimos seis años, hemos viajado por todo el mundo.
Antepretérito:	Antes de comprar el auto, ya habíamos viajado por todo el país en autobús.

Hay palabras y frases dentro de la oración o en otras oraciones que dan pistas sobre el tiempo de verbo que se debe utilizar.

ENFOQUE EN LAS DESTREZAS DE GED

A. **Subraye el tiempo verbal correcto en cada oración.**

1. El año pasado, dimos el gran paso y (decidimos, habíamos decidido) mudarnos a un apartamento nuevo.

2. Lo peor de mudarse (es, fue) que teníamos muchas cosas que empacar.

3. (Vivimos, Habíamos vivido) en ese apartamento durante muchos años, y en general no nos deshacíamos de las cosas.

4. Contratar un camión de mudanzas (resultaba, había resultado) muy caro.

5. Como no teníamos dinero, le (pedimos, hemos pedido) a amigos que nos ayudaran.

6. Mi mejor amigo me dijo: "(Estoy, Estaré) allí a las 9 de la mañana".

7. Sabíamos que iba a hacer calor, así que (compramos, hemos comprado) bebidas para nuestros ayudantes.

8. Nuestros amigos nos (ayudaron, habían ayudado) a cargar la furgoneta y a subir las cajas hasta el nuevo apartamento.

9. Hace seis meses que (vivimos, habíamos vivido) en este apartamento.

10. ¡Me imagino que (vivimos, viviremos) mucho tiempo aquí!

B. **Corrija los errores de tiempos verbales en el siguiente párrafo. Hay seis errores.**

Cuando mi familia se muda a Estados Unidos, yo tenía 12 años. He dejado muchos amigos en Colombia, así que la transición fue muy difícil para mí. En aquel entonces, no hablo muy bien inglés. La ciudad de Nueva York me resultó sorprendente. Nunca antes veré edificios tan altos. Cuando pienso en mi pasado, no puedo creer lo difícil que me resulta la vida cuando llegué. ¡En una semana ya he sido un ciudadano más!

Las respuestas comienzan en la página 150.

Pronombres

Un **pronombre personal** reemplaza el nombre de una persona, un lugar o una cosa. Puede ser sujeto de una oración o complemento de un verbo. Los pronombres posesivos dan idea de pertenencia.

Pronombres personales Sujeto		Pronombres personales Objeto directo / indirecto		Pronombres posesivos	
Singular	**Plural**	**Singular**	**Plural**	**Singular**	**Plural**
yo	nosotros	me / mí	nos / nos	mío	nuestro
tú	ustedes	te / ti	les / sí	tuyo	suyo
él, ella	ellos, ellas	lo, la, le, se / sí	los, las, les, se / sí	suyo	suyo

Pronombres personales – Sujeto
Singular:　Yo siempre voy a la playa en verano.
Plural:　Nosotros acostumbramos a ir a la montaña.

Pronombres personales – Complemento
Singular:　La toalla nueva es para ti.
Plural:　Espero que este lugar les guste.

Pronombres posesivos
Singular:　Este traje de baño es tuyo.
Plural:　Los niños olvidaron los suyos.

ENFOQUE EN LAS DESTREZAS DE GED

Reemplace las palabras subrayadas en el siguiente párrafo por pronombres.

A.　Los González viven en Miami, a unos metros del mar. Nuestro apartamento está junto al apartamento de los González. Carla González sabe nadar muy bien y a veces trabaja como salvavidas. Carla pasa horas en la playa con sus amigos y siempre advierte a sus amigos sobre los peligros del mar. A Carla le encanta su trabajo y siempre habla de su trabajo. Un día una niña se estaba ahogando y Carla salvó a la niña. En otra ocasión, dos niños se perdieron y Carla ayudó a encontrar a los niños.

B.　Una de las principales atracciones de Chicago es que se encuentra a orillas de un gran lago. Todas las personas, ricas o pobres, pueden refrescarse en el lago los días de calor. A veces los padres traen a sus hijos y compran helados a sus hijos. El sendero para ciclistas recorre un paisaje hermoso, y los domingos las personas colman el sendero con sus bicicletas y patines. ¡Anímese y traiga los patines de usted!

Las respuestas comienzan en la página 150.

Ortografía

Mayúsculas

REGLA N° 1 Los **nombres propios,** es decir, las palabras que designan a una persona, un lugar, un grupo o una cosa en particular, se escriben siempre con mayúscula.

Personas: Ricky Martin, Harry Potter
Lugares: Canadá, Nueva York, montañas Rocallosas, calle Broadway
Grupos: los Rolling Stones, el Comité Olímpico
Cosas: el Festival Internacional de Cine, la Revolución Industrial

REGLA N° 2 La abreviatura de **palabras de tratamiento** que preceden el nombre de una persona se escribe con mayúscula.

Sra. Celia Cruz   Dr. Martin Luther King   S.M. Juan Carlos de Borbón

    Cuando esas palabras se utilizan en un sentido general, se deben escribir con minúscula.

Incorrecto: Mañana tengo que ver al Doctor.
Correcto: Mañana tengo que ver al doctor.

REGLA N° 3 Los nombres de fiestas religiosas y nacionales se escriben con mayúscula.

Día del Veterano   Navidad   Año Nuevo

REGLA N° 4 Los días de la semana, los meses y las estaciones del año se escriben con minúscula.

Incorrecto: La fiesta se hará el segundo Sábado de Noviembre.
Correcto: La fiesta se hará el segundo sábado de noviembre.

REGLA N° 5 Los nombres de las asignaturas se escriben con minúscula.

Incorrecto: Sólo unos pocos alumnos aprobaron Matemáticas.
Correcto: Sólo unos pocos alumnos aprobaron matemáticas.

A. Tache las letras en minúscula que deberían estar escritas con mayúscula. Escriba encima la letra en mayúscula.

1. Muchos niños ven dibujos animados como bugs bunny los sábados por la mañana.

2. En un artículo del *new york times* se explica que varios médicos, incluso dr. howard bookman, recomiendan que los niños usen su imaginación en vez de ver televisión.

3. Muchas personas emigraron de europa después de la primera guerra mundial.

4. Hoy en día se puede ir en automóvil desde nueva york hasta san francisco en menos de una semana.

5. Los estudiantes tienen vacaciones en noviembre y diciembre por el día de acción de gracias y el receso escolar de invierno.

6. El cerro punta tiene más de 4,000 pies de altura.

7. La cruz roja socorre a las víctimas de desastres naturales.

8. Si el gobierno de la ciudad de boston permite que la orquesta sinfónica de boston toque en el parque, ¿debería dejar que ricky martin también realice un concierto allí?

9. Esta semana tengo cita con mi médico, mi abogado y mi dentista, el dr. pedro garcía.

10. Me encantaría poder viajar a francia y visitar la torre eiffel.

11. La hermana de mi madre, tía carol, organiza una fiesta todos los cuatro de julio.

12. El año pasado, pasamos las vacaciones de verano en el gran cañón.

B. Busque errores en el uso de las mayúsculas y corríjalos. Algunas palabras que están con minúscula son correctas y otras que están con mayúscula son incorrectas. Hay 10 errores.

Tengo planeado salir de vacaciones en Abril. Voy a visitar a mi Tío en cleveland. Él es Médico del hospital lakeside. Después, volveré a ir en el Verano, para el Día de los Caídos. Esta vez llegaré hasta washington. Seguramente voy a visitar varios Museos, como el instituto smithsoniano. Espero que haya buen tiempo para poder disfrutar del sol.

Las respuestas comienzan en la página 150.

Comas

Las comas son como señales de tráfico. Le muestran al lector cuándo debe hacer una pausa antes de continuar con el sentido de una oración.

REGLA N° 1 Se debe colocar una coma entre los elementos de una enumeración que no están unidos por una conjunción (tres o más elementos). Pueden ser palabras o frases.

La salsa lleva cebollas, tomates y pimiento.
A Carlos le gusta jugar al fútbol, pasear con su perro y nadar.

Los elementos de la enumeración deben tener una estructura paralela y pertenecer a la misma categoría gramatical. (Nota: En general, no se escribe coma antes de la conjunción "y").

REGLA N° 2 Se debe colocar una coma después de un vocativo, o nombre de la persona a la que se dirige el mensaje.

Juan, ven aquí.

REGLA N° 3 Se debe colocar una coma después de la oración subordinada con que empieza una oración. La oración subordinada tiene sujeto y verbo, pero no expresa una idea completa. Comienza con una conjunción subordinante como *si* o *aunque*.

Desde que me robaron el auto, voy a todos lados en autobús.
Pero: Voy a todos lados en autobús desde que me robaron el auto.

REGLA N° 4 Se debe colocar una coma antes y después de expresiones que aclaran o amplían la información.

Los niños, que habían estado jugando en el parque toda la tarde, no quisieron cenar.

REGLA N° 5 Se debe colocar una coma antes y después de una aposición.

Lucía, mi mejor amiga, me regaló su pase para el metro.
La naranja, mi fruta preferida, sólo se consigue en invierno.

REGLA N° 6 No se debe colocar una coma entre sujeto y verbo.

Incorrecto: El auto, está en el taller mecánico.
Correcto: El auto está en el taller mecánico.

A. Coloque comas donde corresponda.

1. Como la receta es muy complicada debes prestar atención a los diferentes pasos.

2. ¡María ten cuidado! ¡Acabo de sacar esa charola del horno!

3. Anita la prima de mi mamá nunca usa delantal cuando cocina.

4. Aunque mi apartamento es pequeño tiene una cocina grande.

5. Como hace siempre leyó apurado la receta y luego olvidó qué debía hacer primero.

6. En la cocina había ollas charolas platos y cubiertos.

7. Le gusta amasar pan al igual que a su abuela.

8. Cuando vio que su hijo le había hecho un pastel de cumpleaños se emocionó.

9. La tía Susi hermana de mi papá me enseñó todo lo que sé sobre cocina.

10. Un buen cocinero ama la comida es intuitivo y no le teme a experimentar.

11. Si quiere ser chef profesional puede estudiar en una academia o trabajar en la cocina de un hotel.

12. Después de recibir el diploma de GED José entró en una academia de cocina y ahora trabaja en un restaurante.

B. Coloque comas donde haga falta y tache las que no correspondan. Hay ocho errores.

Las frambuesas, crecen en arbustos silvestres. Son deliciosas pero se echan a perder, rápidamente. Si es posible cómprelas en el mismo lugar donde se cultivan para asegurarse que sean frescas. No compre cajas de frambuesas, que estén golpeadas abiertas o que tengan moho. Consérvelas en el refrigerador, y no las lave hasta el momento de consumirlas. Las frambuesas son nutritivas porque contienen potasio, vitamina C hierro, y niacina.

Las respuestas comienzan en la página 151.

Palabras parónimas

Las palabras parónimas, o **parónimos,** son palabras que se escriben y pronuncian de manera parecida, pero tienen un significado distinto. Esto hace que se les confunda fácilmente. A continuación se brindan ejemplos de pares de palabras que en general se prestan a confusión.

absolver: declarar libre a un acusado
absorber: retener un cuerpo en su masa a otro en estado líquido o gaseoso

actitud: manera de comportarse u obrar
aptitud: capacidad para hacer determinada cosa

carabela: antigua embarcación
calavera: cráneo

casual: que sucede imprevistamente
causal: que se refiere a una causa

cesto: canasto; cesta grande
sexto: que sigue en orden al quinto

coalición: unión, alianza
colisión: choque

deferencia: conducta amable o respetuosa
diferencia: cualidad por la que una cosa se distingue de otra

embestir: ir con ímpetu contra una cosa o una persona
envestir: dar a una persona un cargo importante

perjuicio: daño
prejuicio: opinión que se tiene sobre algo que no se conoce

ENFOQUE EN LAS DESTREZAS DE GED

Subraye la palabra correcta en cada oración. Si lo precisa, consulte el diccionario.

1. El ladrón se negó a (relevar/revelar) dónde guardó el botín.

2. Cristóbal Colón partió de Europa hacia América con tres (carabelas/calaveras).

3. A veces las personas tienen (perjuicios/prejuicios) contra los extranjeros.

4. El enjuague (bucal/vocal) refresca el aliento.

5. El reconocido escritor fue (embestido/envestido) con el título de Dr. Honoris Causa.

6. Muchos maestros consideran que la (actitud/aptitud) que tienen los estudiantes en el salón de clases es muy importante.

7. Es necesario (adaptar/adoptar) las políticas públicas a las necesidades de la sociedad.

Las respuestas comienzan en la página 151.

Palabras homófonas

Las palabras homófonas, u **homófonos,** son palabras que se pronuncian igual, pero se escriben de manera parecida y tienen un significado distinto. Esto hace que se les confunda fácilmente. A continuación se brindan ejemplos de pares de palabras que en general se prestan a confusión.

barón: título de la nobleza
varón: hombre

bello: hermoso
vello: pelo del cuerpo de una persona

cien: número; diez veces diez
sien: cada uno de los laterales de la frente

ciervo: animal de los bosques
siervo: esclavo

casar: unir en matrimonio
cazar: perseguir animales para matarlos o atraparlos

cocer: cocinar
coser: unir con hilo y aguja

hola: saludo
ola: onda del mar

ralla: del verbo rallar; raspar con un rallador
raya: línea dibujada

reusar: volver a usar
rehusar: negarse a hacer algo que se le pide

sabia: mujer que tiene muchos conocimientos
savia: jugo de los árboles y las plantas

ENFOQUE EN LAS DESTREZAS DE GED

Corrija los errores en el siguiente párrafo. Tache las palabras incorrectas y escriba encima las correctas. Si lo precisa, consulte el diccionario. Hay siete errores.

Había una ves una hermosa princesa que vivía en un castillo con su padre (el rey) y su madrastra. La madrastra le tenía celos por su belleza. Un día, la reina pidió ver al barón del reino que había casado más de sien animales en un año. Le encargó que llevara a la princesa al bosque, que la matara y le trajera su corazón como prueba. El cazador no podía reusarse al pedido de la reina. Una vez en el bosque, la princesa le dio lástima, entonces mató a un siervo que estaba bebiendo en el arrollo y le quitó el corazón.

Las respuestas comienzan en la página 151.

Respuestas y explicaciones

UNIDAD 1: PLANEAR

Lección 1

Enfoque en las destrezas de GED (Página 17)

Tema 1: describir
Tipo de información: analizar las cualidades de algo

Tema 2: plantear su punto de vista
Tipo de información: expresar lo que opina sobre un tema y explicar por qué

Tema 3: explicar las ventajas y las desventajas
Tipo de información: escribir sobre los efectos

Tema 4: explicar por qué
Tipo de información: escribir sobre las causas o las razones

Tema 5: expresar su punto de vista
Tipo de información: expresar lo que opina sobre un tema y explicar por qué

Lección 2

Enfoque en las destrezas de GED (Página 19)

Hay muchas respuestas posibles. Las siguientes son respuestas de muestra.

Tema 1:
los programas violentos generan violencia en los niños
hace que las personas no sean tan activas físicamente
los programas educativos enseñan
muestra noticias mundiales, nacionales y locales
entretiene; relaja

Tema 2:
puede poner demasiado énfasis en los deportes
puede no prestarle atención a la familia o a otras áreas importantes de la vida
alienta el apoyo y la lealtad al equipo
trae diversión y entretenimiento a nuestra vida
puede hacer que se gaste dinero que se necesita para otras cosas

Tema 3:
los empleadores esperan que los empleados tengan la educación suficiente para llevar adelante las tareas laborales
no se puede competir con empleados que tienen educación si uno no la tiene
los mejores trabajos son para los que están más calificados
el GED o el diploma de la escuela superior demuestra que uno tiene la capacidad de aprender
el GED o el diploma de la escuela superior demuestra que uno es perseverante

Tema 4:
los adolescentes se identifican con su música
une a los jóvenes
las letras violentas pueden causar daño en los jóvenes
algunas letras incentivan el uso de drogas
la música fuerte puede dañar la audición

Lección 3

Enfoque en las destrezas de GED (Página 21)

Hay muchas respuestas posibles. Pídale a su instructor o a otro estudiante que evalúe sus mapas de ideas.

Lección 4

Enfoque en las destrezas de GED (Página 23)

A. Posible idea principal: Hay muchas razones distintas por las que hay personas sin hogar.

B. y C. Sus respuestas dependerán de lo que haya escrito en las páginas 19 y 21. Pida a su instructor o a otro estudiante que compare sus ideas principales con sus listas y mapas de ideas.

Unidad 1 Repaso acumulativo
(Página 24)

1. explique su punto de vista

2. expresar lo que opina sobre un tema y explicar por qué

3. hacer una lista de ideas o un mapa de ideas

4. escribir una idea principal

Prueba corta de GED • Unidad 1
(Página 25)

Debería haber usado una lista o un mapa de ideas para reunir la mayor cantidad de ideas posible. Luego debería haber escrito una idea principal basándose en sus ideas. Muestre su trabajo a su instructor o a otro estudiante.

UNIDAD 2: ORGANIZAR

Lección 5

Enfoque en las destrezas de GED (Página 31)

Hay muchas respuestas posibles. Las siguientes son algunas ideas.

A. Las mascotas son una compañía para las personas; no discuten con sus dueños; no comen mucho; no necesitan ropa, muebles u objetos personales; los perros y los gatos se acurrucan con sus dueños sin pedir demasiado a cambio; las mascotas extrañan a sus dueños y les dan la bienvenida cuando vuelven; son fieles

B. **Grupo 1: No son caras:** no comen mucho; no necesitan ropa, muebles u objetos personales

Grupo 2: No son exigentes: los perros y los gatos se acurrucan con sus dueños sin pedir demasiado a cambio

Grupo 3: Fácil estar con ellas: las mascotas son una compañía para las personas; no discuten con sus dueños; extrañan a sus dueños y les dan la bienvenida cuando vuelven; son fieles

Lección 6

Enfoque en las destrezas de GED (Página 33)

Hay muchas respuestas posibles. Los siguientes son algunos ejemplos.

A. **Beneficios:** todos lo pueden hacer, incluso quienes tienen alguna discapacidad física; buen ejercicio para el corazón y los pulmones; alivia el calor

Poco equipo: gafas de natación, aletas de natación, tablas de nado

Facilidad y conveniencia: piscinas climatizadas; lagos, lagunas, ríos y océanos

B. **Personales:** sentimiento de logro; sentirse cómodo con personas que tienen educación

Laborales: sentirse más seguro para buscar trabajos con mejores pagos; se pueden esperar más ascensos

Educativos: se puede competir con otros bachilleres; se puede leer y comprender una gama más amplia de materiales de lectura

C. Hay muchas respuestas posibles. Pida a un instructor o a otro estudiante que evalúe sus grupos de ideas.

Lección 7

Enfoque en las destrezas de GED (Página 37)

A. **Tema 1**
Organización: Orden de importancia
Orden posible de ideas: 1 Poco equipo, 2 Facilidad y conveniencia, 3 Beneficios

Tema 2
Idea principal (muestra): Aprobar el GED le daría a alguien muchas ventajas.
Organización: Orden de importancia
Orden posible de ideas: 1 Razones educativas, 2 Razones laborales, 3 Razones personales

Tema 3
Idea principal (muestra): El énfasis que pone la sociedad en ser delgado tiene efectos positivos, pero también muy negativos.
Organización: Contrastar
Orden posible de ideas: 1 Efectos positivos en la salud, 2 Efectos negativos en los individuos, 3 Efectos negativos en la sociedad

B. Hay muchas respuestas posibles. Pida a un instructor o a otro estudiante que evalúe sus grupos.

Unidad 2 Repaso acumulativo
(Página 38)

1. Debería agrupar las ideas que tienen algo en común y luego rotular los grupos. Tratar de armar tres grupos.

2. Para pensar más ideas, puedo volver a leer el tema, la idea principal y los grupos de ideas que armé. Preguntar *qué, quién, cuándo, dónde* y *por qué* en relación con el tema; pensar cómo el tema me afecta a mí o a las personas que conozco e intentar recordar cosas que haya leído o escuchado sobre el tema.

3. Respuesta de muestra: Como en la composición se contrasta la vida en la ciudad con la vida en un pueblo pequeño, el mejor método de organización es contrastar.

4. El orden dependerá de sus ideas y de la sensación que usted tenga. Pida a su instructor o a otro estudiante que evalúe sus grupos.

Prueba corta de GED • Unidad 2
(Página 39)

Debería haber agrupado las ideas que reunió en la Unidad 1 y rotulado los grupos. Luego debería haber intentado ampliar los grupos. Por último, debería haber numerado los grupos en el orden en el que iba a escribir sobre ellos. Muestre su trabajo a su instructor o a otro estudiante.

UNIDAD 3: DESARROLLAR

Lecciones 8 y 9

Enfoque en las destrezas de GED (Página 45)

1. **a.** de los buenos hábitos de trabajo
   b. Un buen empleado sabe lo importante que es no faltar demasiado al trabajo y cumplir con las tareas.
   c. las personas pierden el trabajo por no presentarse o no cumplir con las tareas; los gerentes necesitan empleados con los que pueden contar; los empleadores no quieren empleados que dan vueltas conversando con otros

2. **a.** del águila calva en peligro de extinción
   b. Resulta irónico que los estadounidenses sean los responsables directos de haber convertido al águila calva, su símbolo nacional, en una especie en peligro de extinción.
   c. las personas han ocupado el área donde anidan las águilas; han contaminado el agua y envenenado los peces de los que se alimentan las águilas; los cazadores mataron águilas

Enfoque en las destrezas de GED (Página 46)

1. **b.** Muchos fabricantes intentan aumentar las ventas ofreciendo cupones de ahorro o reembolsos.

2. **a.** Una organización recompensa a las personas que brindan información sobre delitos que se han cometido.

3. **a.** El currículum es una herramienta que sirve para conseguir una entrevista de trabajo.

Enfoque en las destrezas de GED (Página 47)

Respuestas de muestra:
1. Ahora más que nunca, los adultos necesitan tener una educación para conseguir trabajo.

2. Fumar le cuesta caro a su salud y a su bolsillo.

3. Saldar una deuda puede ser difícil, pero existen formas de lograrlo.

4. Antes de tomar un medicamento de su botiquín, debe determinar si se puede consumir.

Lección 10

Enfoque en las destrezas de GED (Página 49)

Respuesta de muestra para el Tema 1:
   Algunas personas se quejan de que los atletas profesionales ganan demasiado dinero. Sin embargo, estos atletas se merecen hasta el último centavo que ganan. Los atletas trabajan mucho, hacen muchos sacrificios y brindan un servicio importante para la comunidad.

Hay más de una forma apropiada y efectiva de escribir cada párrafo introductorio. Muestre su trabajo a su instructor o a otro estudiante.

Lección 11

Enfoque en las destrezas de GED (Página 51)

Hay más de una forma apropiada y efectiva de escribir cada conjunto de párrafos del cuerpo. Muestre su trabajo a su instructor o a otro estudiante.

Lección 12

Enfoque en las destrezas de GED (Página 53)

Respuestas de muestra:
A. 1. Detalles: Olvidarse y escaparse del mundo hacia un sueño profundo es de vital importancia para la salud.

   2. Detalles: La confianza es una característica importante que sólo se desarrolla a través de la honestidad.

B. 3. Ejemplos: Las bocinas de los automóviles, los motores y otros sonidos del tránsito pitan, rugen y resoplan; los motores de los refrigeradores, los ventiladores y otros aparatos zumban, runrunean y agitan el aire; la gente que habla y grita emite sonidos fuertes y agudos; la música de la radio se mezcla con los sonidos de la televisión.

   4. Ejemplos: Los que están apurados intentan adelantarse en la fila; se chocan con uno en la calle, en el metro o en el autobús; ponen la música demasiado alta e interrumpen nuestros pensamientos.

C. Muestre su trabajo a su instructor o a otro estudiante.

Lección 13

Enfoque en las destrezas de GED (Página 55)

Hay más de una forma apropiada y efectiva de escribir los párrafos finales. Muestre su trabajo a su instructor o a otro estudiante.

Respuestas y explicaciones

Unidad 3 Repaso acumulativo

(Página 56)

1. Incluiría una introducción, un cuerpo y una conclusión.

2. En el párrafo introductorio se incluye una tesis que cuenta el tema de la composición y la idea principal. Da un vistazo previo de la composición y a veces información de antecedentes.

3. Escribiría un párrafo del cuerpo por cada grupo de ideas que haya enumerado. Intentaría tener tres párrafos del cuerpo en total.

4. Usaría el rótulo de cada grupo para escribir la oración temática de ese párrafo. Usaría las ideas de cada grupo para crear detalles de apoyo.

5. Al igual que el párrafo introductorio, el párrafo final plantea el tema y repasa los detalles de apoyo. Sin embargo, tiene una perspectiva distinta; en lugar de introducir las ideas de la composición, las repasa.

Prueba corta de GED • Unidad 3

(Página 57)

Debería haber escrito una composición de cinco párrafos. Muestre su trabajo a su instructor o a otro estudiante.

UNIDAD 4: EVALUAR

Lección 15

Enfoque en las destrezas de GED
(Páginas 63 a 75)

Las siguientes son puntuaciones y explicaciones posibles.

Composición 1: Una posible puntuación es 3. La composición está bien organizada, con una presentación clara de las ideas. El desarrollo de las ideas es adecuado y se incluyen muchos detalles, pero el lenguaje es demasiado formal. Hay algunos problemas con la estructura de las oraciones. Los evaluadores de GED no le sumarán puntos por ser más larga.

Composición 2: Una posible puntuación es 2. El escritor plantea un punto de vista y brinda apoyo para la idea principal, pero el desarrollo de los párrafos no es suficiente para una composición porque hay muy pocos detalles. La estructura de las oraciones tiene errores.

Composición 3: Una posible puntuación es 1. La composición no está centrada y la idea principal no se plantea claramente. La organización es limitada. No da suficientes detalles y ejemplos para el punto de vista. El escritor tiene dificultades con las convenciones del español escrito, y los errores distraen mucho la atención en la composición.

Composición 4: Una posible puntuación es 3. La organización de la composición es efectiva, pero los párrafos no están desarrollados por completo. Las ideas del segundo párrafo necesitan más apoyo. Hay algunos errores en las convenciones del español escrito y varias oraciones seguidas.

Composición 5: Una posible puntuación es 4. La organización de la composición es efectiva, con una tesis clara y oraciones introductorias. Tiene buenos ejemplos que apoyan las ideas principales. El escritor maneja bien las convenciones del español escrito. Los evaluadores de GED no le restarán puntuación por los cambios y las tachaduras de la composición.

Composición 6: Una posible puntuación es 4. La organización de la composición es efectiva, con una tesis clara y oraciones temáticas. Se incluyen varios ejemplos para apoyar las oraciones temáticas de los párrafos. Hay algunos errores aleatorios en las convenciones del español escrito, pero no distraen mucho al lector. Los evaluadores de GED no le restarán puntuación por estos errores.

Unidad 4 Repaso acumulativo

(Página 76)

Compare sus respuestas con la lista de evaluación. Fíjese en los criterios que pasó por alto.

Prueba corta de GED • Unidad 4

(Página 77)

Debería evaluar su composición usando la Guía de puntuación de GED. Muestre su trabajo a su instructor o a otro estudiante.

UNIDAD 5: REVISAR

Lección 16

Enfoque en las destrezas de GED (Página 83)

Elimine las oraciones que no estén relacionadas con el tema: "Yo tengo uno y mi hermano también". (párrafo 1) "A mí me gusta la música *country*". (párrafo 3) "No está mal tomar el autobús". (párrafo 5) "Mi hermano y yo íbamos en autobús a todos lados antes de que compráramos nuestros automóviles". (párrafo 5)

Agregue más detalles y ejemplos:
Agréguelos al segundo párrafo (por ejemplo, "se ahorra tiempo porque se puede ir y venir según convenga" o "es más seguro estar en un automóvil que esperar el autobús a la noche"). Agréguelos al tercer párrafo (por ejemplo, "nos sentimos más independientes", "podemos ir a pasear con amigos" o "se puede ir a pasear por el país").

Lección 17
Enfoque en las destrezas de GED (Página 86)

Oraciones seguidas: La última oración del párrafo 2 se podría corregir así: "Además, generalmente ofrecen menús rápidos con unos pocos productos. Se puede decidir rápido y fácilmente lo que se quiere pedir".

La segunda oración del párrafo 4 se podría corregir así: "Cuando llegan a casa, los padres están cansados y no quieren cocinar. En cambio, quieren pasar tiempo con sus hijos".

Fragmento de oración: La segunda oración del párrafo 3 se podría corregir así: "Las hamburguesas cuestan sólo un par de dólares".

Uso de los verbos: El verbo final de la primera oración del párrafo 4 debería estar en plural: "Por último, cada vez más familias están compuestas de padres que *trabajan*".

Puntuación: Borre la coma innecesaria en la segunda oración del párrafo 2: "Se construyen cerca de las empresas y al costado de las carreteras".

Ortografía: Las siguientes palabras tienen errores de ortografía: vez (párrafo 4), *dirigen* (párrafo 4), *hambre* (párrafo 5).

Enfoque en las destrezas de GED (Página 87)

Elimine las oraciones que no estén relacionadas con el tema: "Hoy en día es muy caro financiar una casa". (párrafo 2) "Cada vez que entro en una librería veo todos esos libros sobre viajes". (párrafo 4)

Agregue más detalles y ejemplos: Agregue al tercer párrafo (por ejemplo, "muchas obras de caridad ayudan a los pobres y a los que no tienen qué comer y siempre necesitan más dinero" o "las escuelas y los fondos escolares también aprovecharían algún dinero extra").

Fragmento de oración: La segunda oración del párrafo 3 se podría corregir así: "Me gustaría donar dinero a la investigacion sobre el cancer y el SIDA".

Oraciones seguidas: La cuarta oración del párrafo 4 se podría corregir así: "No cocinaría nunca más porque todos los días comería en un restaurante distinto".

Uso de los verbos: El verbo *necesite* del párrafo 3 debería ser *necesiten*.

Puntuación: Es necesario poner un punto final en la última oración del párrafo 5.

Ortografía: La siguiente palabra tiene un error de ortografía: *vayan* (párrafo 2).

Uso de mayúsculas: La palabra *lotería* en la segunda oración del párrafo 1 no debe escribirse con mayúscula.

Unidad 5 Repaso acumulativo
(Página 88)

Puede responder con otras palabras, pero las respuestas deberían ser similares a las siguientes:

1. Primero debería revisar las ideas y luego corregir el uso de las convenciones del español escrito. A medida que revise, es probable que tache algunas oraciones y vuelva a escribir otras. Es más efectivo corregir cuando el texto está en una versión más terminada.

2. Puedo hacer cambios escribiendo entre líneas o en el margen, usando el signo de intercalación para indicar adónde corresponde el texto agregado y tachando las palabras o frases que deseo eliminar.

3. Puedo usar las listas de las páginas 80 y 84 para decidir qué cambiar. También debería memorizar las listas para poder aplicarlas cuando rinda la Prueba de GED.

4. Puedo volver a mirar el plan que hice y verificar que haya incluido todas las ideas en la composición.

Prueba corta de GED • Unidad 5
(Página 89)

Luego de revisar su composición, muestre su trabajo a su instructor o a otro estudiante.

UNIDAD 6: TÉCNICAS DE PLANIFICACIÓN

Lección 18

Enfoque en las destrezas de GED (Página 92)

Hay más de una respuesta correcta. Muestre su trabajo a su instructor o a otro estudiante.

Enfoque en las destrezas de GED (Página 93)

Hay más de una respuesta correcta. Muestre su trabajo a su instructor o a otro estudiante.

Enfoque en las destrezas de GED (Página 95)

Hay más de una respuesta correcta. Muestre su trabajo a su instructor o a otro estudiante.

Lección 19

Enfoque en las destrezas de GED (Página 96)

Hay más de una respuesta correcta. Muestre su mapa de ideas a su instructor o a otro estudiante.

Enfoque en las destrezas de GED (Página 97)

Hay más de una respuesta correcta. Muestre su mapa de ideas a su instructor o a otro estudiante.

Unidad 6 Repaso acumulativo

(Página 98)

Puede responder con otras palabras, pero las respuestas deberían ser similares a las siguientes:

1. Para hacer una lluvia de ideas, establecería un límite de tiempo y luego anotaría todas las ideas que se me ocurran sobre un tema.

2. Luego de hacer la lluvia de ideas, debería evaluarlas y tachar las que sean irrelevantes. Cuando se hace una lista de ideas, es más probable que se anoten ideas irrelevantes. Debería tacharlas para no usarlas en la composición.

3. Las seis preguntas son: ¿quién?, ¿qué?, ¿dónde?, ¿cuándo?, ¿por qué? y ¿cómo?

4. Primero, anotaría ideas sobre cómo me afecta personalmente el tema. Luego, anotaría ideas sobre cómo el tema afecta a personas que yo conozco y, por último, cómo afecta a la sociedad en su conjunto.

5. Dibujaría un círculo y escribiría dentro la idea principal. Luego escribiría una idea de apoyo, la encerraría en un círculo y conectaría ese círculo con el primero.

Escribiría y conectaría los detalles y ejemplos con las ideas de apoyo.

6. Los rótulos de los grupos de ideas principales están señalados con números romanos. Las ideas de apoyo se escriben con mayúsculas y los detalles y ejemplos están señalados con números arábigos.

Prueba corta de GED • Unidad 6

(Página 99)

Luego de organizar las ideas, muestre su trabajo a su instructor o a otro estudiante.

UNIDAD 7: MEJORAR LA PUNTUACIÓN

Lección 20

Enfoque en las destrezas de GED (Página 103)

Tener más tiempo libre puede provocar efectos tanto buenos como malos en la vida de las personas. Por un lado, tener más tiempo libre puede mejorar la calidad de vida de muchas personas. Tendrían más tiempo para dedicarle a sus familias, aprender cosas nuevas, explorar su creatividad y viajar. Como resultado, mejorarían las relaciones familiares. Además, la gente practicaría deportes y se dedicaría a sus pasatiempos.

Por otro lado, tener demasiado tiempo libre puede provocar algunos efectos malos. Quienes no tienen mucha imaginación o tienen una baja autoestima no siempre saben qué hacer con el tiempo libre. De hecho, algunos se deprimen o se aburren. Además, otros entran en una pandilla o tienen problemas con la policía.

Lección 21

Enfoque en las destrezas de GED (Página 105)

A. 1. H
   2. O
   3. H
   4. O
   5. H
   6. H
   7. O

B. Hay más de una manera correcta de responder. Estos son algunos ejemplos:

1. Hecho: Desde hace décadas, las películas son una forma popular de entretenimiento.
Opinión: El precio de una película es una ganga.

2. Hecho: La concurrencia a los eventos deportivos aumenta todos los años.
Opinión: No hay mejor manera de gastar el dinero para divertirse que en un partido de béisbol.

3. Hecho: Un pasatiempo como viajar en globo aerostático es más caro que salir de excursión.
Opinión: Todos deberían tener un pasatiempo.

Lección 22

Enfoque en las destrezas de GED (Página 107)

Hay más de una manera correcta de responder. Estos son algunos ejemplos:

A. 1. tráfico: atascado, lento, a paso de tortuga, paralizado, hediondo, humo, esmog, movimientos de frenado y aceleración, irritación, tocar la bocina, gritar, pegados uno a otros

2. teléfono: llamar, sonar, instrumento, herramienta, que capta la atención, fastidioso, esencial, molestia, hablar, escuchar, esperar, discar, medio de comunicación, cable largo que conecta a una persona con otra

3. dinero: arrugado, mugriento, verde apagado, esencial, imprescindible, resuelve problemas, reconfortante, medio para conseguir lo que se quiere

4. verano: soleado, cielo azul, suelo reseco, húmedo, agua que salpica, niños que gritan, helados, sandía, copos de nieve, nadar, jugar a la pelota, acampar, andar a caballo, caluroso y pesado, como un horno

B. 1. Escuchar música es relajante.

2. Criar a un hijo es demandante.

3. El delito es un problema grave.

Unidad 7 Repaso acumulativo
(Página 108)

1. Las palabras de transición sirven para conectar ideas.

2. Entre las respuestas posibles se encuentran *porque, para empezar, más importante aún, le sigue en importancia, el más importante, principalmente, finalmente, primero, segundo, tercero, por último.*

3. Un hecho se puede probar como verdadero, pero una opinión no.

4. Los hechos se pueden buscar en noticieros de radio o televisión, periódicos, libros, revistas u otras fuentes confiables.

5. Las opiniones se pueden buscar en lo que uno cree o siente.

6. Las palabras precisas son un lenguaje específico y exacto que expresa las ideas con más claridad y crea una imagen en la mente del lector.

7. Podría hacerme una imagen mental de lo que quiero analizar, hacerme preguntas, visualizar acciones o pensar en palabras que haya escuchado o leído.

Prueba corta de GED • Unidad 7
(Página 109)

Luego de planear, organizar y redactar el primer borrador de la composición, muestre su trabajo a su instructor o a otro estudiante.

UNIDAD 8: REPASO DEL PROGRAMA PODER

Enfoque en las destrezas de GED
(Página 114)

Luego de planear y organizar las ideas, muestre su trabajo a su instructor o a otro estudiante.

Enfoque en las destrezas de GED (Página 115)

Luego de escribir la composición, muestre su trabajo a su instructor o a otro estudiante.

Enfoque en las destrezas de GED (Página 116)

Luego de evaluar y revisar la composición, muestre su trabajo a su instructor o a otro estudiante.

UNIDAD 8

Enfoque en las destrezas de GED (Página 117)

Luego de leer y asignar una puntuación a la composición, muestre su trabajo a su instructor o a otro estudiante.

Prueba corta de GED • Unidad 8
(Página 121)

Muestre su trabajo a su instructor o a otro estudiante.

Prueba simulada A (Páginas 122 y 123)

Muestre su trabajo a su instructor o a otro estudiante.

Prueba simulada B (Páginas 124 y 125)

Muestre su trabajo a su instructor o a otro estudiante.

Otros temas para la composición
(Páginas 126 y 127)

Muestre su trabajo a su instructor o a otro estudiante.

MANUAL DEL ESCRITOR
Estructura de las oraciones
Enfoque en las destrezas de GED (Página 131)

Respuestas de muestra:

A. 1. a. Muchas personas andan en bicicleta porque es una alternativa barata al automóvil, que además ahorra energía.
   b. Muchas personas andan en bicicleta, dado que es una alternativa barata al automóvil, que además ahorra energía.

   2. a. Dado que andar en bicicleta es un buen ejercicio, algunas personas comienzan a andar en bicicleta para bajar de peso.
   b. Andar en bicicleta es un buen ejercicio, así que algunas personas comienzan a andar en bicicleta para bajar de peso.

   3. a. En Holanda, muchas calles tienen carriles para bicicletas, mientras que en Estados Unidos los carriles para bicicletas no son tan comunes.
   b. En Holanda, muchas calles tienen carriles para bicicletas, pero en Estados Unidos los carriles para bicicletas no son tan comunes.

   4. a. Después de que los niños aprenden a andar en triciclo, andan en bicicleta con ruedas de entrenamiento.
   b. Los niños aprenden primero a andar en triciclo; luego, andan en bicicleta con ruedas de entrenamiento.

B. Hoy en día, pocas personas recorren el país en tren, pero antes era un medio de transporte común. Aunque un viaje de Chicago a Seattle lleva dos días y medio, vale la pena hacerlo. Durante el viaje, se cruzan varias cordilleras y pueblos muy pintorescos. No se puede dormir mucho porque hay que estar sentado todo el tiempo, a menos que se viaje en coche dormitorio. Sin embargo, hay muchas personas interesantes con las que se puede conversar, de modo que uno se olvida del cansancio.

Enfoque en las destrezas de GED (Página 132)

Respuestas de muestra:

1. Es difícil dejar el hábito de fumar. *O* Dejar el hábito de fumar es mi objetivo.

2. Vamos a cenar afuera después de la final de la Copa del Mundo. *O* Después de la final de la Copa del Mundo voy a limpiar la sala.

3. Vivimos aquí. Nos gusta el tiempo cálido. *O* Vivimos aquí porque nos gusta el tiempo cálido.

4. Algunas personas tienen muchas mascotas. Otras no tienen ninguna. *O* Algunas personas tienen muchas mascotas, mientras que otras no tienen ninguna.

5. Me esforcé en mi trabajo, pero no recibí un aumento. *O* A pesar de que me esforcé en mi trabajo, no recibí un aumento.

Uso
Enfoque en las destrezas de GED (Página 133)

A. 1. es
   2. comienzan
   3. tienen
   4. compiten
   5. juegan
   6. pasan
   7. son

B. El básquetbol no es sólo para las personas físicamente aptas. Las personas con impedimentos físicos también lo juegan en canchas de todo el país. Para que puedan practicar el deporte, es necesario hacer algunas adaptaciones. Los jugadores parcialmente ciegos, por ejemplo, utilizan pelotas grandes con rayas o colores brillantes. Quienes tienen un impedimento visual mayor, <u>juegan</u> con pelotas que tienen cascabeles adentro.

Enfoque en las destrezas de GED
(Página 134)

A. 1. decidimos

2. fue

3. Habíamos vivido

4. resultaba

5. pedimos

6. Estaré

7. compramos

8. ayudaron

9. vivimos

10. viviremos

B. Cuando mi familia se <u>mudó</u> a Estados Unidos, yo tenía 12 años. <u>Había dejado</u> muchos amigos en Colombia, así que la transición fue muy difícil para mí. En aquel entonces, no <u>hablaba</u> muy bien inglés. La ciudad de Nueva York me resultó sorprendente. Nunca antes <u>había visto</u> edificios tan altos. Cuando pienso en mi pasado, no puedo creer lo difícil que me <u>resultó</u> la vida cuando llegué. ¡En una <u>semana</u> ya <u>seré</u> un ciudadano más!

Enfoque en las destrezas de GED (Página 135)

A. Los González viven en Miami, a unos metros del mar. Nuestro apartamento está junto al <u>suyo</u>. Carla González sabe nadar muy bien y a veces trabaja como salvavidas. <u>Ella</u> pasa horas en la playa con sus amigos y <u>siempre</u> les advierte sobre los peligros del mar. A <u>Carla</u> le encanta su trabajo y siempre habla de él. Un día una niña se estaba <u>ahogando</u> y Carla la salvó. En otra ocasión, dos niños se perdieron y Carla ayudó a <u>encontrarlos</u>.

B. Una de las principales atracciones de Chicago es que se encuentra a orillas de un gran lago. Todas las personas, ricas o pobres, pueden refrescarse en <u>él</u> los días de calor. A veces los padres traen <u>a</u> sus hijos y <u>les</u> compran helados. El sendero para <u>ciclistas</u> recorre un paisaje hermoso, y los domingos las personas <u>lo</u> colman con sus bicicletas y patines. ¡Anímese y traiga los <u>suyos</u>!

Ortografía
Enfoque en las destrezas de GED (Página 137)

A. 1. Muchos niños ven dibujos animados como <u>B</u>ugs <u>B</u>unny los sábados por la ma<u>ñ</u>ana.

2. En un artículo del *New York Times* se explica que varios <u>m</u>édicos, <u>i</u>ncluso <u>D</u>r. <u>H</u>oward <u>B</u>ookman, recomiendan que los <u>n</u>iños usen su imaginación en vez de ver televisión.

3. Muchas personas emigraron de <u>E</u>uropa después de la <u>P</u>rimera <u>G</u>uerra <u>M</u>undial.

4. Hoy en día se puede ir en automóvil desde <u>N</u>ueva <u>Y</u>ork hasta <u>S</u>an <u>F</u>rancisco en menos de una semana.

5. Los estudiantes tienen vacaciones en noviembre y diciembre por el <u>D</u>ía de <u>A</u>cción de <u>G</u>racias y el receso escolar de invierno.

6. El cerro <u>P</u>unta tiene más de 4,000 pies de altura.

7. La <u>C</u>ruz <u>R</u>oja socorre a las víctimas de desastres naturales.

8. Si el gobierno de la ciudad de <u>B</u>oston permite que la <u>O</u>rquesta <u>S</u>infónica de <u>B</u>oston toque en el parque, ¿debería <u>d</u>ejar que <u>R</u>icky <u>M</u>artin también realice un concierto allí?

9. Esta semana tengo cita con mi médico, mi abogado y mi dentista, el <u>D</u>r. <u>P</u>edro <u>G</u>arcía.

10. Me encantaría poder viajar a <u>F</u>rancia y visitar la torre <u>E</u>iffel.

11. La hermana de mi madre, tía <u>C</u>arol, organiza una fiesta todos los <u>c</u>uatro de julio.

12. El año pasado, pasamos las vacaciones de verano en el <u>G</u>ran <u>C</u>añón.

B. Tengo planeado salir de vacaciones en abril. Voy a visitar a mi tío en <u>C</u>leveland. Él <u>e</u>s médico del Hospital Lakesi<u>d</u>e. Después volveré a ir en <u>e</u>l verano, para el Día de los Caídos. Esta vez ll<u>e</u>garé hasta <u>W</u>ashington. Seguramente voy a visitar varios <u>m</u>useos, como el Instituto <u>S</u>mithsoniano. <u>E</u>spero que haya bue<u>n</u> tiempo para poder disfrutar del sol.

Enfoque en las destrezas de GED (Página 139)

A. 1. Como la receta es muy complicada, debes prestar atención a los diferentes pasos.

2. ¡María, ten cuidado! ¡Acabo de sacar esa charola del horno!

3. Anita, la prima de mi mamá, nunca usa delantal cuando cocina.

4. Aunque mi apartamento es pequeño, tiene una cocina grande.

5. Como hace siempre, leyó apurado la receta y luego olvidó qué debía hacer primero.

6. En la cocina había ollas, charolas, platos y cubiertos.

7. Le gusta amasar pan, al igual que a su abuela.

8. Cuando vio que su hijo le había hecho un pastel de cumpleaños, se emocionó.

9. La tía Susi, hermana de mi papá, me enseñó todo lo que sé sobre cocina.

10. Un buen cocinero ama la comida, es intuitivo y no le teme a experimentar.

11. Si quiere ser chef profesional, puede estudiar en una academia o trabajar en la cocina de un hotel.

12. Después de recibir el diploma de GED, José entró en una academia de cocina y ahora trabaja en un restaurante.

B. Las frambuesas crecen en arbustos silvestres. Son deliciosas, pero se echan a perder rápidamente. Si es posible, cómpralas en el mismo lugar donde se cultivan para asegurarse que sean frescas. No compre cajas de frambuesas que estén golpeadas, abiertas o que tengan moho. Consérvelas en el refrigerador y no las lave hasta el momento de consumirlas. Las frambuesas son nutritivas porque contienen potasio, vitamina C, hierro y niacina.

Enfoque en las destrezas de GED (Página 140)

1. revelar

2. carabelas

3. prejuicios

4. bucal

5. envestido

6. actitud

7. adaptar

Enfoque en las destrezas de GED (Página 141)

Había una vez una hermosa princesa que vivía en un castillo con su padre (el rey) y su madrastra. La madrastra le tenía celos por su belleza. Un día, la reina pidió ver al varón del reino que había cazado más de sien animales en un año. Le encargó que llevara a la princesa al bosque, que la matara y le trajera su corazón como prueba. El cazador no podía rehusarse al pedido de la reina. Una vez en el bosque, la princesa le dio lástima, entonces mató a un ciervo que estaba bebiendo en el arroyo y le quitó el corazón.

MANUAL DEL ESCRITOR

Glosario

agrupar ideas pensar qué tienen en común las ideas y poner las ideas relacionadas en un grupo

círculo de ideas un diagrama de círculos concéntricos en el que se muestra cómo se ven afectados por algo grupos de personas cada vez más amplios

claridad presentación clara de las ideas en una composición

comparar y contrastar un método para organizar ideas en una composición y mostrar en qué se parecen y en qué se diferencian dos cosas

concordancia entre el sujeto y el verbo coincidencia en número y persona entre el sujeto y el verbo en una oración

contrastar analizar los distintos puntos de vista sobre un tema

corrección el segundo paso de la revisión en el cual el escritor evalúa y revisa el uso que hizo de las convenciones del español escrito

desarrollar redactar el párrafo introductorio, los párrafos del cuerpo y el párrafo final de la composición; explicar con detalles y ejemplos

detalles de apoyo otras ideas que brindan más información sobre la idea principal

evaluar evaluar las ideas y la organización; evaluar el uso de las convenciones del español escrito

fragmento un grupo de palabras que no expresa una idea completa; una oración incompleta

hacer esquemas crear una lista ordenada de ideas que muestra cómo éstas se relacionan entre sí

hacer mapas un método de redactar ideas para mostrar las relaciones entre ellas

hacer una lista escribir ideas en el orden en que se les ocurren al escritor

hecho un enunciado que se puede probar como verdadero

holístico método de evaluación por el cual se juzga la composición según la efectividad general que tenga

idea principal lo más importante que está tratando de decir

lluvia de ideas reunir ideas escribiendo todo lo que se nos ocurra sin juzgarlo

mapa de ideas una forma de registrar las ideas en la que se muestra cómo se relacionan con el tema y entre sí

nombre propio una palabra que designa a una persona, un lugar, un grupo o una cosa en particular

opinión un enunciado sobre lo que se prefiere o se cree

oración compleja una oración formada por una oración independiente y una dependiente, o subordinada. La oración subordinada tiene sujeto y verbo pero no expresa una idea completa.

oración compuesta una oración formada por dos oraciones simples, u oraciones independientes, unidas por un conector o punto y coma

oración independiente un grupo de palabras compuestas de un sujeto y un verbo, que expresan una idea completa. Una oración simple es un ejemplo de oración independiente.

oración seguida una oración que combina dos ideas completas con el signo de puntuación incorrecto o sin utilizar un conector

oración simple una oración compuesta de un sujeto y un verbo, que expresa una idea completa. Es una oración independiente.

oración temática la oración que cuenta la idea principal del párrafo

oraciones de antecedentes oraciones en el párrafo introductorio que proporcionan información sobre el tema

oraciones introductorias oraciones en el párrafo introductorio que cuentan el enfoque que se tendrá del tema

orden de importancia un método de redacción de composiciones que comienza con las ideas menos importantes y termina con las más importantes

organizar agrupar y rotular las ideas, ampliar los grupos y ordenar los grupos

palabras de tratamiento las abreviaturas que preceden el nombre de una persona se escriben con mayúscula

palabras homófonas palabras que se pronuncian igual pero se escriben de manera parecida y tienen un significado distinto

palabras parónimas palabras que se escriben y pronuncian de manera parecida pero tienen un significado distinto

palabras precisas lenguaje específico y exacto

párrafo final el último párrafo de una composición que replantea la tesis y resume las ideas de apoyo

párrafo introductorio el primer párrafo de una composición, que presenta el tema y la idea principal, da un vistazo previo de la composición y puede incluir información de antecedentes

párrafos del cuerpo los párrafos intermedios de la composición que sustentan la tesis del párrafo introductorio con ideas de apoyo

planear comprender la tarea de redacción, reunir ideas y elegir la idea principal

pronombre personal una palabra que se utiliza para reemplazar el nombre de una persona, un lugar o una cosa

pronombres posesivos palabras que dan idea de pertenencia

reunir ideas enumerar ideas relacionadas sobre un tema para fundamentar una idea principal

revisar revisar las ideas y la organización; revisar el uso de las convenciones del español escrito

rotular grupos poner un nombre a un grupo de ideas para mostrar cómo se relacionan con una idea principal

tarea de redacción instrucciones para escribir sobre un tema determinado

tema el asunto del que trata una composición

tesis una oración que cuenta la idea principal de una composición

tiempos verbales los tiempos (pasado, presente o futuro) expresados por diferentes formas verbales

transiciones palabras que hacen una conexión fluida entre las ideas

Índice

adverbio conjuntivo, 130
ampliar grupos, 32–33
   hacer preguntas, 32–33
asignar una puntuación a una composición, 117

círculo de ideas, 94–95
claridad, 106–107
comas, 138–139
comparar y contrastar, 35–37
composición de cinco párrafos, 112
   conclusión, 42–43, 54–55
   cuerpo, 42–43, 50–53
   introducción, 42, 48–49
composiciones de muestra, 63–75
conclusión de una composición, 42–43
concordancia entre el sujeto y el verbo, 133
conjunción coordinante, 130
contrastar, 35–37
convenciones del español escrito, 84–87
corrección, 80
cuerpo de una composición, 42–43

desarrollar párrafos, 52
   con detalles, 52
   con ejemplos, 52
   con ideas de apoyo, 52
detalles de apoyo, 44–45

escribir la composición de GED
   párrafo final, 54–55
   párrafo introductorio, 48–49
   párrafos del cuerpo, 50–53
   párrafos y oraciones temáticas, 44–47
   tres partes de una composición, 42–43
estrategia de redacción
   asignar una puntuación a una composición, 117
   cinco pasos para redactar una composición, 113
   composición de cinco párrafos, 112
   evaluar y revisar, 116
   organización, apoyo y claridad, 115
   personal, 118–120
   planificación, 114
estrategia de redacción de la composición para la
     prueba
   asignar una puntuación a una composición, 117
   cinco pasos para redactar una composición, 113
   composición de cinco párrafos, 112
   evaluar y revisar, 116
   organización, apoyo y claridad, 115
   personal, 118–120
   planificación, 114

estructura de las oraciones, 130–132
   diferentes estructuras, 130–131
   fragmentos y oraciones seguidas, 132
evaluar la composición de GED
   composiciones de muestra, 63–75
   evaluar una composición, 62–75
   guía de puntuación para la composición, 10, 117
   lista, 62, 129
   método holístico de puntuación, 60–61
evaluar según el método holístico, 60–61

fragmentos de oraciones, 132

grupos, 28–39
   ideas, 28
   ordenar, 34–37
   rotular, 28, 30

hacer esquemas, 97
hacer mapas, 96
hacer preguntas, 32, 93
hechos, 104–105

idea principal, 22–23
ideas, agrupar, 28–31
ideas, hacer una lista, 18–19
instrucciones, palabras clave, 16
introducción de una composición, 42

lista de ideas, 18–19
lluvia de ideas, 92

mapa de ideas, 20–21
   en blanco, 128
mayúsculas, 136–137
   nombres propios, 136
mejorar la puntuación
   con hechos y opiniones, 104–105
   con palabras precisas, 106–107
   con transiciones, 102–103, 115
método holístico de puntuación, 60–61

nombres propios, 136

opiniones, 104–105
oración compleja, 130
oración compuesta, 130
oración independiente, 130
oración simple, 130
oración subordinada, 130
oración temática, 44–47

oraciones de antecedentes, 48
oraciones introductorias, 48
oraciones seguidas, 132
orden de importancia, 34–37
ordenar grupos, 34–37
organizar la composición de GED
    agrupar y rotular, 28–31
    ampliar los grupos, 32–33
    hacer esquemas, 97
    hacer mapas, 96
    ordenar los grupos, 34–37
ortografía, 136–141
    comas, 138–139
    mayúsculas, 136–137
    palabras homónimas, 142
    palabras parónimas, 141

palabras homófonas, 142
palabras parónimas, 141
palabras precisas, 106–107
párrafo final, 54–55
    repasar las ideas, 54
párrafo introductorio, 48–49
    oraciones de antecedentes, 48
    oraciones introductorias, 48
    tesis, 48
párrafos del cuerpo, 50–53
    desarrollar, 52
    grupos ampliados, 32–33
    grupos rotulados, 28–31
    orden de importancia, 34–37
    detalles de apoyo, 44
    oración temática, 44
párrafos, 44–55
    del cuerpo, 50–53
    final, 54–55
    introductorio, 48–49
planear la composición de GED
    determinar la idea principal, 22–23
    entender la tarea de redacción, 16–17
    hacer listas de ideas, 18–19
    mapas de ideas, 20–21
planificación, 114
    organizar, 114
    planear, 114
proceso de redacción PODER, 113
pronombres, 135
    objeto, 135
    personales, 135

    posesivos, 135
    sujeto, 135
pronombres personales, 135
pronombres personales – objeto, 135
pronombres personales – sujeto, 135
pronombres posesivos, 135
pruebas simuladas de GED, 122–125
punto y coma, 130

reunir ideas, 18–23, 92–95
    círculo de ideas, 94–95
    hacer preguntas, 93
    hacer un mapa de ideas, 20–21
    hacer una lista, 18–19
    lluvia de ideas, 92
revisar la composición de GED
    corrección, 80
    revisar las convenciones del español escrito,
      84–87
    revisar las ideas y la organización, 80–83
revisar las convenciones del español escrito, 84–87
rotular grupos, 28–31

tarea de redacción, 16–17
técnicas de planificación
    más modos de organizar las ideas, 96–97
    más modos de reunir ideas, 92–95
tema, 16
temas de GED de muestra, 126–127
temas de GED, 126–127
temas para practicar la redacción para la
    composición de GED, 126–127
temas, GED, 126–127
tesis, 48
tiempos verbales, 134
transiciones, 102–103, 115
tres partes de una composición, 42–43
    conclusión, 42–43
    cuerpo, 42–43
    introducción, 42

uso, 133–135
    concordancia entre el sujeto y el verbo, 133
    pronombres, 135
    tiempos verbales, 134

Lenguaje y Redacción, Parte II, Composición

Nombre: _____ Clase: _____ Fecha: _____

_____

_____

_____

_____

_____

_____

_____

_____

_____

_____

_____

_____

_____

_____

_____

_____

_____

_____

_____

Continúe la composición en la página siguiente.

ESCRIBA LA COMPOSICIÓN CON UN BOLÍGRAFO.

_____

_____

_____

_____

_____

_____

_____

_____

_____

_____

_____

_____

_____

_____

_____

_____

_____

_____